文创品牌策划与设计新思维

孟 媚 刘 哲 ◎ 著

中国戏剧出版社

图书在版编目（CIP）数据

文创品牌策划与设计新思维 / 孟媚，刘哲著 . -- 北京：中国戏剧出版社，2022.11
ISBN 978-7-104-05304-0

Ⅰ.①文… Ⅱ.①孟…②刘… Ⅲ.①文化产业—品牌—研究—中国 Ⅳ.① G124

中国版本图书馆 CIP 数据核字（2022）第 233424 号

文创品牌策划与设计新思维

责任编辑：肖　楠
项目统筹：康祎宁
责任印制：冯志强

出版发行：	中国戏剧出版社
出 版 人：	樊国宾
社　　址：	北京市西城区天宁寺前街 2 号国家音乐产业基地 L 座
邮　　编：	100055
网　　址：	www.theatrebook.cn
电　　话：	010-63385980（总编室）　010-63381560（发行部）
传　　真：	010-63381560

读者服务：010-63381560
邮购地址：北京市西城区天宁寺前街 2 号国家音乐产业基地 L 座

印　　刷：	天津和萱印刷有限公司
开　　本：	787mm×1092mm　1/16
印　　张：	10.75
字　　数：	200 千字
版　　次：	2022 年 11 月　北京第 1 版第 1 次印刷
书　　号：	ISBN 978-7-104-05304-0
定　　价：	72.00 元

版权专有，违者必究；如有质量问题，请与出版社联系调换。

前 言

国家正在大力发展文化创意产业,文化创意产业发展的中坚力量和理论基础就是品牌的策划设计和实施,只有把品牌的理念贯彻到设计的始终才能永葆商品的可持续发展。

文化创意产业的繁荣发展,文化品牌的建设和"一带一路"品牌的打造又从战略上说明了文化品牌建设的重要性,文化品牌建设也经历了良好的发展态势,所以文创品牌设计在新时代的发展背景下,焕发出新的生机和活力。

世界公认的创新型国家都很注重自主品牌,1902 年起美国密歇根大学等高校和相关机构的学者就对品牌创制的科学化展开了系统的研究。1997 年 H.Goldhaber 在 "Attention Shoppers" 一文中提出了"注意力经济"概念:"互联网时代的信息是过剩的,只有人们的注意力才是稀缺的资源,谁能吸引更多的注意力谁就成为世界的主宰。"这是信息社会的新价值观,也凸显出品牌形象创新设计的现实意义。各国品牌研究成果所表达的观点归纳起来主要有:情感说、符号说、关系说、资源说,还有个性说、媒介说、人性化说、生态说等。品牌形象创新研究一直朝着品牌发展应具有能满足受众理性和情感需要的价值方向发展。

文创品牌视觉是文创品牌价值理念和文创品牌信息的载体,文创品牌视觉设计是文创品牌价值和文创品牌信息的有效体现手段。文创品牌视觉设计是以达成沟通为目的,未达成文创品牌与消费者沟通的设计永远是失败的。强势文创品牌除了具有准确的文创品牌价值理念,还要有有效的视觉创意设计来进行有效的传播。

本书在内容上将从六个方面进行论述,第一方面为文创品牌认知,主要从文化创意产品的概述、文化创意产品相关概念辨析、文创品牌的概述、文创品牌的定位和功能这些方面进行详细论述；第二方面为文创品牌策划，其中主要从文创品牌策划的内涵、文创品牌策划的原则、文创品牌市场调研以及文创品牌的诊断与实施等方面进行详细论述；第三方面为文创品牌视觉的创新思维，主要从文创品牌的视觉形象、文创品牌形象视觉设计观念、文创品牌形象的系统设计、品牌形象设计的延伸性这四个方面对文创品牌视觉的创新思维进行详细论述；第四方面为文创品牌的整合设计，主要从品牌整合设计的定义，文创品牌设计识别要素中的视觉识别基本要素，听觉、嗅觉识别要素与触觉识别要素，以及文创品牌设计系统中的品牌识别系统、品牌产品开发设计、品牌空间设计这些方面对文创品牌的整合设计进行具体论述；第五方面为文创品牌视觉传播策略，主要对文创品牌形象推广设计中的推广概念、推广形象、推广方式，推广理念的形象创意中的品牌理念的形象化、文创品牌形象的艺术化以及文创品牌推广的审美设计这几个方面来进行详细阐述；第六个方面为文创品牌作品展示，主要从中国各地的特色文创品牌案例进行详细阐述，如北京的国家大剧院以及辽宁的非物质文化遗产等。

在撰写本书的过程中，作者得到了许多专家学者的帮助与指导，参考了大量的学术文献，在此表示真诚的感谢，本书内容系统全面，论述条理清晰、深入浅出，但由于作者水平有限，书中难免会有疏漏之处，希望广大同行及时指正。

作者

2022 年 6 月

目　录

前　言 1

第一章　文创品牌认知 1
 第一节　文化创意产品的概述 1
 第二节　文化创意产品相关概念辨析 8
 第三节　文创品牌的概述 11
 第四节　文创品牌的定位和功能 21

第二章　文创品牌策划 32
 第一节　文创品牌策划的内涵 32
 第二节　文创品牌策划的原则 33
 第三节　文创品牌市场调研 40
 第四节　文创品牌的诊断与实施 47
 第五节　案例分析——湖南茶颜悦色的文创设计 58

第三章　文创品牌视觉的创新思维 71
 第一节　文创品牌的视觉形象 71
 第二节　文创品牌形象视觉设计观念 76
 第三节　文创品牌形象的系统设计 80
 第四节　品牌形象设计的延伸性 85

第四章　文创品牌的整合设计 ········· 87
第一节　品牌整合设计的定义 ········· 87
第二节　文创品牌设计识别要素 ········· 88
第三节　文创品牌设计系统 ········· 95

第五章　文创品牌视觉传播策略 ········· 99
第一节　推广理念的形象创意 ········· 99
第二节　文创品牌推广的审美设计 ········· 103
第三节　文创品牌形象推广设计 ········· 105
第四节　案例分析——四川巴蜀大宅门的文创设计 ········· 108

第六章　文创品牌设计作品展示 ········· 113
第一节　福建片仔癀的文创设计 ········· 113
第二节　北京国家大剧院的文创设计 ········· 117
第三节　江西景德镇黄鹤楼的文创设计 ········· 121
第四节　河南印象系列产品的文创设计 ········· 123
第五节　山东标志性品牌的文创设计 ········· 126
第六节　辽宁非遗的文创设计 ········· 134

参考文献 ········· 163

第一章 文创品牌认知

对文创品牌进行创新策划,首先就是要先对文创品牌有大概的了解与认知。因此,本章将从文化创意产品的概述、文化创意产品相关概念辨析、文创品牌的概述以及文创品牌的定位和功能这四个方面进行具体论述。

第一节 文化创意产品的概述

随着生活环境和消费形态的改变,消费者对于文化性产品的需求与重视程度逐渐提升,那些具有符号性延伸意义的商品,为消费者提供了更多的体验与满足,进而取代了单纯的实体性质的商品,使物质消费转而进入文化、精神与体验消费的时代。鲍德里亚(Baudrillard)在其经典著作《消费社会》(*Consumer Society*)中将符号融入消费,认为消费者不再仅仅将消费物品视为纯粹的货物,而同时对物品所涵盖的符号内涵与价值进行消费。作为消费行为的文化性商品,具备强烈的符号内涵,因而文化性消费者所面对的商品是经营者或创作者通过符号性商品得以传递出的理念与情感。依据马斯洛(Maslow)的需求层次理论,分析上述现象的需求演变,可将人的需求由低至高分为生理、安全、精神归属、自尊和自我实现五种层次。人类先是获得生活基本的物质需求满足,把维持日常生活食、衣、住、行的必需物质当作商品,等到客观条件更加成熟之后,消费者在消费活动中的心理脉络产生了转变,那些具有表达情感、知识、娱乐以及象征意义等文化性创作,才得以通过种种不同的表现形式(如书籍、电视、电影、戏剧、绘画等)被当作商品来看待。如此把文化创作品当成商品,是继物质产品之后,人类开发的新的商品形式。

20世纪90年代后,全球化冲击作为重要因素影响着消费需求旺盛的文化产业,使其成为一种前所未有的新兴产业,其不仅成为都市再发展的政策工具,更成为各国经济发展的重点。日本政府提出文化产业的国际化将是未来产业发展的必经之路;芬兰政府颁布新政,努力发展文化产业在经济和就业中的比例;英国政府从宏观层面出发,率先推动创意产业政策引领,由此引发全球创意产业革命的兴起,文化产业俨然成为21世纪最热门的产业。我国也将文化创意产业作为战略新兴产业加以大力扶持和发展。为了应对消费市场对于文化产业的新需求,各种有形无形的文化创意商品日趋多样化,加上媒体科技与政治经济的发展,文化产品内涵价值构成与挖掘成为热点研究问题之一。中国"十四五"规划,中国经济的下一轮增长,已经从原来的新基建、出口以及固定资产投资转变为科技创新为主要突破口的经济增长模式。目前我们认识到,科技一方面是人类生存发展以及造富的核心驱动力,另一方面还是制约我国进一步崛起的短板,俗称"卡脖子"。中国急需科技创新与突破,以此突破西方国家的封锁与制约,以此求得民族和国家的生存空间。产业的扩充需要消费市场的进一步消化。生产出来的产品,卖不出去,产业就会萎缩,科研也没有可持续发展的动能。因此,提升消费市场对高科技产业产品的消费比例是未来供给的重点。诚然,国内对于文化产品的消费也在人们日益优越的物质生活条件下,呈现出日益增长的态势。在当下国内外文化创意产业建设与发展大好的形势下,为了满足消费市场对于文化创意产业的新需求,提升文化创意产品价值和解决产品内涵价值构成与挖掘则成为研究的热点问题之一。因此,如何挖掘文化创意产品产业链条中的显性价值与隐性价值,协调文化创意产品相关人员在价值创造过程中的关系与作用,分析影响、协调与优化增值因素对传统的文化价值提升管理研究提出了新的挑战。

创意产业在全球范围内迅猛发展,文化创意产品地位快速提升,互联网时代促使经济与生活方式出现了全新改变,具有文化内涵的创意经济时代已经到来。目前,国际上还没有统一的文化产业定义和文化产业行业界定标准与分类,世界各国以及国际组织对于文化产业的概念认识与行业分类存在着明显的差异。这些差异蕴含着各国发展文化产业的政策取向。美国是世界公认的文化产业强国,但是美国并没有一个关于文化产业的界定或分类标准,也没有对应的政府管理职能部门。大致上，美国的"版权产业"可以理解为美国"文化产业"的指称。根据美国国际知识产权联盟（International Intellectual Property Alliance，IIPA）的定义，美国版权产业系指所有以版权为基础的产业部分。第一是核心版权产业（core copyright industries），以创造有版权的作品或者受版权保护的物质产品为特征，是指对享有版权的作品的再创作、复制、生产和传播。这类产品包括报刊图书出版业、影视业、戏剧创作演出业、广告业、计算机软件开发业等。第二是外围产业，包括：（1）部分版权产业（partial copyright industries），系指生产的部分物质产品具有版权的产业；（2）发行类版权产业（copyright distribution industries），系指对有版权的作品进行批发和零售的产业，如书店等；（3）与版权有关的产业（copyright related industries），指在生产销售过程中，要使用或部分使用与版权有关的产品的产业，如计算机、电视机等产业。总的说来，核心版权产业、部分版权产业和发行类版权产业三部分构成了我们所理解的"文化产业"。①

英国文化产业的职能管理部门本是"文化、媒体和体育部"，由于其主旨在于发展"创意产业"，所以又成立了创意产业特别工作组。1998年，英国创意产业特别工作组首次对创意产业进行了定义："源自于个人创意、技能及才华，通过知识产权的开发和运用，具有创造财富和就业潜力的行业。"英国文化创意产业包括广告、建筑、艺术品和文物交易、工艺品、设计、时装设计、电影和音像、互动休闲软件、音乐、表演艺术、出版、软件与计算机游戏、广播和电视等13个行业。"文化创意产业"的概念后来被许多国家和地区沿用。"创意产业"与传统产业最大的区别在于创意活动为产品或者服务提供了实用价值之外的文化附加值，最终提升了产品的经济价值，创意产业更强调人的创造力，更加注重文化艺术对经济的渗透和贡献。英国文化创意产业强调其创意内涵，而不强调产品或服务的文化属性，因此传统文化领域中的"图书馆、档案室、博物院、游乐园等"被拒之类外，反之，建筑、设计业因其创意性丰富而被列入其中。

在澳大利亚的统计分类中找不到完全的文化产业或创意产业的分类。2001年，澳大利亚国家统计局制定了《文化与休闲分类标准》（Culture and leisure Classification），并特别说明"之所以将文化与休闲一起分类，是因为文化与休

---

① 牛维麟. 国际文化创意产业园区发展研究报告 [M]. 中国人民大学出版社，2007（74）.

闲有着千丝万缕的联系，尤其是文化的展示、保存与传承多数与休闲活动密不可分"。澳大利亚的文化与休闲产业分为四个大类：文物和遗产、艺术、运动和体育休闲、其他文化与休闲活动。该分类的特点是更注重文化与休闲活动的关联度，除了包括以上两种分类中的文学、广播、电影、电视、互联网、音像、设计之外，包含了文物、艺术、体育运动与休闲活动类，其职能管理部门为"艺术与通讯部"。

加拿大文化产业项目是以联合国教科文组织的文化统计框架为基础建立的，后来使用北美产业分类系统（North American industry classification system, NAICS）。根据NAICS，加拿大文化产业包括"信息和文化产业"和"艺术、娱乐和休闲"两类共10个门类：出版业、电影和录音业、广播业、网络出版和广播业、电信业、网络服务业、其他信息服务业、表演艺术及体育比赛业、游乐赌博娱乐业、古迹遗产。加拿大联邦政府没设文化部，所有文化事务由遗产部管理。

德国1992年出现"文化经济"一词。2004年6月的德国首届全国文化经济会议提出，文化经济产业是一个涉及面极广的跨行业产业，是国民经济活动中不可忽视的一部分。文化经济产业的范畴在德国没有一致说法，但其核心内容主要包括出版、电影、广播电视、音乐、图像、表演艺术、媒体、博物馆售货部、艺术展览、文化产品个人商贩、设计等。尽管文化经济产业快速发展，但德国到目前为止还没有一个归口管理部门。在管理方面，德国落后于英国、法国。

法国一直沿用文化产业的概念，并将之定义为"传统文化事业中特别具有可大量复制性的产业"，政府职能管理部门是文化与通信部。法国从1995年希拉克执政以来，实行以文化发展促进经济发展的道路，大力发展以影视业、出版业和设计业为核心还包括建筑业、新闻业、报刊业、音像业、演艺业、艺术品产业和文化遗产产业在内的文化产业。

1997年，芬兰政府集合学术界、艺术界、产业界以及政府的教育、文化、经贸等部门，共同组建了"文化产业委员会"，该组织以文化和艺术作品的传播扩大能力为标准对文化产业下定义并提出，文化产业是指与商业运作、听众和观众规模以及文化和艺术作品的传播扩大能力有关的商业活动，具体包括电影、广播电视、出版活动、音乐行业和文艺作品的创作活动。它强调电子产品的作用。这也是欧盟对文化产业活动领域的传统观点。在狭义上，芬兰提出文化产业就是文化企业，把文化和艺术的创作看作是企业的行为，它强调了文化产业对经济与就业的直接影响。

在日本，1998年出版的《日本现代用语基础知识》中对文化产业的概念是这样描述的：随着以工业化为核心的经济高速发展，国民的收入与其他发达国家相比，其水平也有了迅速提高，在此背景下，日本政府强调要使休闲的消费和就业的内容更加丰富，提出了建立生活大国的构想。日本在物质产业的高度发展基础上，出现了超工业化、服务经济化或者说第三产业化的阶段，人们需要一种能在精神上得到满足的文化性产业，如教育培训、旅行、音乐、时尚、演艺和传统工艺等以多种形式来提供休闲的商品和服务的产业，这就是文化产业。文化产业的管理机构原是文化厅。世纪之交，日本提出了"文化立国"和"知识产权立国"战略。日本经产省和文部省都有文化产业管理职能，经产省从经济的角度管理文化产业，文部省原来只管理文化事业，2000年后建立了文化产业统计制度。随着数字技术的发展，日本文化产业中动画制作、出版业、游戏业、广告业、娱乐演出业、数字内容产业发展较快，使日本成为亚洲第一文化产业国家。

1998年，韩国政府提出"文化立国"战略，随即出现了发展"文化产业"的规划。1999年2月韩国发布的《文化产业振兴基本法》将文化产业界定为与文化商品的生产、流通、消费有关的产业，具体行业门类有：影视、广播、音像、游戏、动画、卡通形象、演出、文物、美术、广告、出版印刷、创意性设计、传统工艺品、传统服装、传统食品、多媒体影像软件、网络以及与其相关的产业。此外，还有根据国家总统令指定的产业。韩国统计厅的文化产业统计指标包括：出版产业、唱片产业、游戏产业、电影产业、广播产业、演出产业、其他文化产业（建筑、摄影、创意性设计、广告、新闻、图书馆、博物馆、工艺品及民族服装、艺术文化教育等）。韩国的文化产业也称"内容产业"，重点有影视、动漫、游戏、音乐、出版六大产业。文化观光部负责韩国文化产业管理。

中国的文化产业的定义最先见于2003年9月文化部《关于支持和促进文化产业发展的若干意见》，将其定义为"从事文化产品生产和提供文化服务的经营性行业"。2004年，国家统计局对"文化及相关产业"的界定是"为社会公众提供文化娱乐产品和服务的活动，以及与这些活动有关联的活动的集合"。这个分类是在《国民经济行业分类》(GB/T 4754—2002)的基础上制定的,它根据文化活动的特点把行业分类中相关的类别重新进行了组合,将文化及相关产业划分为4层80个小类,其代码沿用了对应的"国民经济行业代码"。中国文化产业分类强调的是产品或服务的文化属性及文化关联度,具体范围不仅包括提供文化产品(如图书、音像制品等)、文化传播服务(如广播电视、文艺表演、博物馆等)和文化休闲娱乐活动(如游览景区服务、室内娱乐活动、休闲健身娱乐活动等),而且还包括与文化产品、文化传播服务、文化休闲娱乐活动有直接关联的用品、设备的生产和销售活动以及相关文化产品(如工艺品等)的生产和销售活动。

1998年,联合国教科文组织将文化产业定义为"按照工业标准生产、再生产、储存以及分配文化产品和服务的一系列活动"。现在看来这个概念似乎有些过时了,但是,联合国还没有明确一个对应的新概念。

综上所述,目前在国际上并不存在一个关于文化产业的统一定义,由于国情和文化背景不同,各国对文化产业的内涵有不同的理解和认识,确定的文化产业概念和统计范围差别较大。英国、澳大利亚、日本关于文化产业的口径范围相对宽泛些,而联合国教科文组织和加拿大文化产业的口径范围相对狭窄些。各自国家对文化产业的内涵界定也有差别。在文化产业(中国、法国)这个外延最大的概念之外,出现了"创意产业"(英国)、"内容产业"(韩国、欧盟)、"休闲产业"(澳大利亚)、"版权产业"(美国)等新名词。为了管理和国际比较的需要,要想界定和使用一个统一用语,可以说是难乎其难。关键是立足国情,放眼世界,走自己的路。

文化创意产品价值增值过程复杂,价值共创管理是解决问题的重要手段。文化创意产品具有高知识性、高增值性、低能耗和低污染的特征。这种产品作为一种新型的独立市场商品,其产品特征和业态结构与传统商品存在着明显的差异,产品设计与运营管理重心由生产向创造转变。为提升文化创意产品价值,必须全面了解其复杂的价值增值过程与机理,挖掘其独特的价值升值因素以及功能演化规律。随着工业时代向文明化、数字化、服务化等程度更高的后工业时代转变,文化创意产品价值增值方式与过程也变得更为丰富、多变和复杂,而且其演化机理过程充满诸多不确定性。由于文化创意产品属于创意生成产业,其价值增值网络系统涵盖不同的细分市场与专业领域，价值产出涉及内容创意、产品制作、销售、售后服务以及价值延伸（衍生品）等阶段，价值创造主体包含企业、文化机构、研发机构、政府、投资人、中介、推广机构等，他们各自遵循其专业功能进行价值开发与维护。为此，价值创造主体需从文化创意产品生产与实践角度出发，对文化创意产品价值共创进行多维度管理与设计开发研究，以掌握复杂多变的文化创意产品价值传递过程中的增值规律，还需寻求其多利润产出机制和多市场营销模式的运营方法，将关于商品价值增值模式先进的思想注入文化创意产品设计，科学合理地对产品增值的组织架构、传递机理和增值模式等问题进行研究。由此形成一套科学管理模式和执行策略，提高管理水平和经营效率，进而实现文化创意产品价值的最大化。

实现文化产品的价值共创是文化创意产品提升竞争力的本质和核心，中国创意产业研究先驱强调，创意产业承担着观念上价值创造的重任，需要不断在价值创造中突破自我，不断实现价值模式的提升，充分挖掘产品的各种价值。无论是产品创意研发，还是以价值实现为目的的终端销售平台，文化创意产品的价值的最终实现才是其存在的核心理由。而各式的文化创意产品价值开发与价值实现的提升规律有待研究。

价值共创是文化创意产品有机发展的最大动力构成，是产品产业化发展的本质核心，文化创意产品在研发过程中形成价值，在销售过程中固化价值，又在消费者的体验过程中提升价值。文化创意产品价值创造一方面可以从产品研发过程进行切入，即形成创意价值、生产价值、销售价值、市场服务价值等形式；另一方面也可以从笼统的价值结构着手，即从消费者角度分析不同的需求属性，形成功能价值、体验价值、信息价值和文化价值。文化创意产品的设计、研发、生产者、消费者以及利益相关者，共同参与了文化创意产品的价值形成。在这一过程中，分阶段挖掘文化创意产品价值是促使其价值提升的主要模式，但在产品价值提升的实践过程中遇到很多发展瓶颈的问题。因此研究聚焦文化创意产品各阶段价值的提练与整合，明确文化创意产品利益相关者在行为模式中的优化价值与创造路径，实现价值共生共荣，这对文化创意产品创新发展有着至关重要的作用。

第二节　文化创意产品相关概念辨析

产品是企业向市场提供满足人们需求或欲求的物体,包括有形的和无形的、可触摸的和非触摸的。产品可能是有形的商品也可能是无形的服务型产品,它们从创造性活动中产生,同时具有明确的经济价值。文化创意产品作为产品的构筑内容之一,是与文化创意产业相关的所有产品或者服务的系列与组合,其继承了创新、创造、创作的文化特性,同时也表现出知识产权实现和消费的外部特征,以及以独特的文化与艺术体验为引领的价值特性。下面我们具体从文化产品、创意产品和文化创意产品三个概念展开辨析研究。

一、文化产品

文化是人文科学研究的基本问题,是人类在社会发展过程中创造一切物质和精神财富的总称,包括语言、行为、文学、艺术以及一切意识形态的精神产品。文化产品属于符号性的创作产物,涵括了艺术以及文化的原创性与唯一性,其核心价值属于无形而非能够实质拥有的物品。消费者通过体验而获得外延的象征价值,即产品脱离物品本身的使用性,进而提升到具有各种社会价值与意义的表征逻辑。霍尔布鲁克所提出的产品分类的架构认为,文化活动属于服务类的一种,而文化产品亦和文化艺术价值紧紧相连,因此,可以将其所提供的内容视为一种服务。

霍尔布鲁克等认为文化产品的特性主要体现为如下方面:

第一,无形性。无形服务是无形的,在本质上是一种经验,是潜在的,消费者于购买艺术产品之前无法事先知晓。因此人们在消费无形商品时,通常会感受到更高的风险,因为既无法预先试用,也无法实质退货。因此是否在购买文化产品前提供完整的说明和有效的中介,将会影响消费者的购买意愿。

第二,作品和消费的不可分离性。实质产品要经过制造和生产之后才会被消费者购买或使用,而服务的消费与生产则具有单次并且同时发生的性质,消费者所获得的充实感来自象征价值的无形体验,而非对于特定对象的实质取得,作品和消费的不可分割性也意味着文化产品属于直接的销售形式。

第三，异质性。文化与艺术经验是异质且多样性的，即使同一件作品，其质量、精髓以及价值的评定也会根据产品在不同的时机、场合、文化情境和个体差异中而有所改变，为消费者带来不同且多样的象征意义或社会价值，经验的本身即具有独特性与单一性。

由以上对艺术特性的描述，我们可将文化产品的特性总结为：文化产品涵盖人类在进化过程中创造的语言、文学、艺术等一切意识形态在内的精神产品，是一种基于产品特质上的消费经验和精神体验，是人类提供给社会的有形或无形的产品，注重传统经典文化的延续和传承。文化产品囊括多种元素，各个元素相互依存、相互联结，具备动态演变、民族性、地域性、社会实践性和独立传承性等特征。

二、创意产品

"创意"被牛津大辞典定义为富有创造和想象力，即使在常规技能中也能表现出丰富的想象力。而霍金斯认为创意就是催生某种新生事物的能力，它表示一个人或多人的创意和发明的产生，并且是原创性和富有深远意义。而创意产品，常被人们认作一种打破传统与常规产品的叛逆，是一种内能与创新的拓展形式，也是将一般产品进行创造性的能量展现。大部分学者对于创意产品相关研究都是从产业发展模式的角度出发，研究社会中创意产业的现实状况，探讨创意及创意产品经济模式等经济管理问题。关于创意产业的很多有关价值理论的提法皆源自美国哈佛商学院教授迈克尔·波特（Micael Porter）的企业价值链管理理论。该理论是波特在1985年出版的《竞争优势》中所作的阐述，该理论主要探讨了传统企业产品的设计、生产和营销过程。湖南科技大学刘友金教授在波特价值链管理理论的基础上提出创意价值链（Creative Value Chain, CVC）理论，该理论指出，价值链就是在创意源到创意成果产业化的过程中，由创意主体通过系列创意活动组成价值链条的集合体。

在"百度"搜索引擎输入"创意产品"，会找到500多万条相关的搜索结果，从这个数据上不难发现，创意产品作为一种文化产业构成形式正被越来越多的专家与机构所重视。根据马斯洛需求层次理论可以知道，创意产品是在20世纪末随着世界经济大发展，人们在生活水平不断提高下而追求更高层次需求的创新产品类型，它为人们提供了科技、文化、艺术的价值产品与服务。创意产品从价值层面来讲，包含功能价值和精神价值，即创意产品具备使用功能和审美功能双重特征。创意产品的价值特征包括：功能价值、创意价值、体验价值和文化价值四个部分，它们共同构成创意产品的升值因素。随着物质产品的丰富和生活水平的提高，巨大的创意产品消费市场开始出现，通过对创意产品的特点及其价值形成曲线的研究和梳理，以及由此形成的创意型企业生产决策的相关研究表明创意产品与消费需求双方都有双重身份，既是自变量又是因变量，相互影响相互促进。

概括来讲，创意产品是创意产业中最直接的产品构建或服务形式，利用创意思维对产品的功能、体验等价值进行创造性设计，其最核心的内容层面就是要注重"形式与知识创新"，并利用独特、原创的高附加值实现市场经济价值。

三、文化创意产品

文化创意产品以文化为基础，发挥创意思维并对产品进行创造与研发，它综合了文化产品的"文化经典"和创意产品的"创造创新"的双重特征，以文化生产和服务为产品研发对象，涵盖文化与创意项目策划、产品与服务设计、文化创意内容研发、文化创意活动构思与生产经营。文化资源需借助"创意"进行再加工，对文化再创造，再提高，以将文化资源优势转化成产品优势，从而进一步形成文化品牌和市场竞争力。

文化创意产品是以文化与创意为根本，以文化知识产权为核心构建，以技术工艺为支撑的低能耗、高收益和高文化享受的可持续产品，在经济运行中属于"边际效益递增"行业。文化创意产品与一般产品制造区别在于它不是循着固定的流程产出或完全以消费者的需求为目的，而是在内容的生产塑造中，在开发创意设想的同时还涉及文化创作、美学与艺术等层面的表达，与纯创意产品相比还要兼顾文化的挖掘和精神层面的诉求。文化创意产品具体特质表现为如下几点：

首先，大多文化创意工作者注重作品中原创力的呈现与坚持。推崇文化、艺术、精神层面的价值挖掘，而绝非仅仅根据消费者的需求与响应，制作所谓的纯商业性的产品。虽然创作者对文化、精神等成就的关注会影响消费者对艺术品的接受程度，但两者间的关联却不甚密切。创作的成败，多数的评断标准并不是以它是否满足了市场的需求而决定。

其次，消费者对文化创意产品的需求充满相对的不确定性。对此，霍尔布鲁克指出文化创意产品在满足消费者需求及其自身形成的过程中具有五大特点。第一，抽象，即产品隐含的意义需要消费者自行体会；第二，主观，产品优劣好坏凭借消费者个人主观经验来评判；第三，非效用性，消费者使用产品的基本功能之外还能同时得到更深层次的满足；第四，独特性，每项产品皆是独特的，无法被取代；第五，整体性，产品或服务为整体性的，缺一不可。因为这五大特点的存在，也会让消费者的评价因为个体的不同而异，使消费者的需求充满不确定性。

最后，文化创意产品的内容可引发情感的经验共鸣。创作者通过提升文化创意产品背后所蕴藏的价值理念和故事影响力，进而感动消费者并引发消费者独特的共鸣经验。Wattanasuwan 指出，共鸣是一种心理上的移情作用，欣赏者由于自身知觉和情感的投射，在面对外在的事物时心中会产生共鸣。

由于文化创意产品涵盖文化领域和创意类别，既具有文化和创意领域的自带特征，又具有其综合特质。这主要表现为：其一，产品具备精神性。文化创意产品的文化性决定产品在注重社会效益的同时，还必须遵从产品的文化品位与精神引领特质要求，让消费者在美妙的精神文明中接受熏陶。其二，产品的意识形态性。文化创意产品在满足消费者功能需求和精神需求的同时，还通过精神价值的作用力发挥意识形态功能，以影响使用者的思想、价值观、人生观和世界观。其三，产品的创意设计。文化创意产品通过创新思维和原创能力对"内容产业进行设计"。

第三节 文创品牌的概述

品牌，在 21 世纪几乎是人人知道的商品形式。现代品牌的意识征服着地球上的每个人，在我们的生活中，品牌无处不在。但是，品牌究竟是什么？它的核心价值是什么？它是怎样形成、设计和传播的？这是我们艺术设计类专业的重要学习和实践内容。

由于品牌的构成元素与视觉传达有着根本的关系，品牌在传播过程中，给人以文化的、道德的、功用的和系统的直接与间接、心理与生理的视觉印象，也就被称为品牌形象设计。

今天的消费商品，其主要功能已经变成了表达情感和象征的价值作为我们与他人进行沟通解码的标语，今天的商品广告显著地从以产品为中心的信息向以体验为中心的品牌信息转变，今天的消费环境又是通过产品、品牌和建筑风格出现在销售空间中来运行，变成了一个文化幻想和精神的方便之所，使得消费成为一种更为浪漫、快乐，更加个性化和情绪化的体验行为。因此，消费人群创造了文化，文化又创造了品牌，品牌改变了人类的社会，人最终又在改变着自己，当人们围绕个体商品展开触及社会和心理层面的思考去感知、解读、追寻品牌的时候，就能够从中领悟到创造体验的时代精神。而对于现代设计而言，"设计什么品牌"和"品牌表现什么"是设计思考时的必要前提，也是设计意图之所在，同时设计所产生的视觉效果需要很有趣才能吸引人。因此，在进行品牌形象设计的时候，必须围绕着设定最终想要表达的品牌意义和视觉效果来进行，明确怎样的受众用怎样的形象传达怎样的品牌核心价值信息，这就是品牌形象设计的意义。

同时，品牌形象的设计就如同艺术形象的创造，是企业和消费者想要看到的、感受到的，是他们对品牌的认知和评价，是静态的，但是在商品使用过程中，品牌形象会影响消费者的购买倾向，是动态的。因此，为了使消费者直接透过产品本身来了解企业所要展现的文化或是品牌所具有的核心价值，设计就应按照确定的价值理念来进行系统的标识、包装、广告和推广展示的形象设计，也就是塑造品牌形象的工具、方法与途径，形成培养和创造一个品牌的动态过程，这一过程实现了人与人之间的视觉信息交流。它以人为起点，通过视觉媒介将品牌信息传达给被传达的人。同其他的传达方式一样，品牌信息传达的目标不是完成简单的视觉信息传递，而是要给人以生理和心理上的感染和满足，实现视觉的沟通。要实现这样的目标，品牌信息的元素就必须表意清晰，具有很强的可读性，这样受众才有可能理解和接受，并能够积极地对其作出回应，实现品牌信息的互动和交流。

由此，品牌形象的设计从广义上理解是品牌信息的设计，同样包含有品牌的生成、理念的转换和形象的传播等内涵，这种能指的品牌信息生成、转换和传播，在品牌形象设计的应用中是贯穿始终的。品牌形象设计是视觉传达专业近年开设的课程。形象的设计，包括一个系统与另一个系统之间的一贯性，即信息科学和品牌形象与社会心理的系统之间的传达。从这个意义上说，视觉传达和品牌形象都是传达设计的一种，这里所要着重阐述的定位是集中在品牌形象，即是在平面设计的应用中贯穿着品牌形象能指的意象表现与品牌概念传达形式设计的认知和方法，就创造的思维和技能而言，核心的内容就是品牌概念与品牌意象表现的系统设计知识和技能的学习。因此，品牌形象设计本质上是一种设计的行为，这种行为中孕育着设计师、品牌对象与受众三要素之间共同愿望的创意形态，即是一种主体之间的交互设计方式。"间"的存在意味着设计的三要素存在各主体之间的区别、差异和个性，设计要思考同时把具有差异和个性的主体联系起来，而不是重置、消解或取消各要素的主体属性，设计的实质就是调整和创新主体之间的关系属性。这种关系属性是对设计物形态属性的一种理解、预期与共享，是构成视觉信息交流的目的。即是说设计并不是设计师的随意创造，而是设计师、设计物和受众构成互为沟通信息的视觉形式，才能使设计与受众达成"通而会心，感而知意"的审美体验，于是，构建一种品牌形象信息"传达"的方式。不管你是否意识到，在我们的生活之中，品牌都无处不在。那么，品牌究竟是什么？

英语"品牌"一词源于古挪威语"brand"，即"打上烙印"，用以区分不同生产者的产品或劳务。它意味着"不许动，它是我的"，并附有各部落的标记，这就是最初的品牌标志和口号。中国古老的陶瓷生产，手工匠们打在器物上的印记，意大利威尼斯早期的金匠银匠于器皿上铭刻自己的姓氏，都是在证明产品的真实性和可靠性，再逐步演化成商品交易时打在外包装上的印记。这是一种原始的品牌形象。

从理论出发，如果把品牌视为商标，那么品牌就是"一种可以辨别的名称或标志，并且将这些商品或服务与竞争对手区别开来，旨在鉴别一个或一群销售商的商品或服务"；若是着眼于品牌对消费者的意义，则"品牌是产品的本质、内涵和方向，是在时间和空间上确立的产品形象"。这种对于品牌的定义研究，始于20世纪中后期。

品牌是一种标榜个性、区别其他商品的综合性特殊符号。品牌之所以能够被识别，首先因为它具有特定的名称与标识，这是品牌存在的前提条件。有些学者强调品牌的识别功能，从最直观的表现出发，他们认为："品牌是一个名称、名词、标记、符号、设计或是它们的组合运用，其目的是借以辨认某个销售者或某群销售者的产品或劳务，并使之同竞争对手的产品或服务区分开来。"

在信息涌流的"注意力经济"时代，消费者对一个品牌的认识往往是从视觉或听觉开始的。一个成功的品牌符号形象，能够整合和强化人们对其的认同，成为消费者记忆商品的工具，是吸引顾客"眼球"、关乎企业生死存亡、从"卖方市场"到"买方市场"的重要选择。品牌的名称和标志如果能够引起消费者长久密切的关注，将产生巨大威力。如苹果手机和电脑的扁平化苹果的图形、华为的绽放的花瓣形象等，长期以来带给消费者强烈的视觉冲击，已经潜移默化地成为其品牌密不可分的部分。

品牌是为顾客提供具有购买功能和附加值品质利益的产品。品牌中的汉字"品"由三个"口"字组成，它的寓意包含着人的视觉、听觉和触觉所带来的知性意义，即"品质、品行、品性、品格、品德"等多种含义，既体现产品的质量水准、风格特色和服务意识，又表达经营者的社会责任、价值取向、精神追求等多方面内容。有学者以此界定品牌，如约翰·菲利普·琼斯，在她的调查中，90%的人认为附加值在购买决策中起着重要作用。而莱斯利·德·彻纳东尼认为："一个成功的品牌是一个可辨认的产品、服务、个人或场所，以某种方式增加自身意义，使得买方或用户觉察到相关的、独特的、可持续的附加价值，这些附加值最可能满足他们的需要。"还有学者认为："品牌是消费者专门感受的一个产品，它代表消费者在其生活中对产品与服务的感受而滋生的信任与意义的总和。品牌的发展是因为品牌具有能满足顾客理性和情感需要的价值，品牌的创建则要超越功能主义并开发其个性价值。"

现代品牌文化中的社会责任、精神追求和价值取向，使得当它被特定的群体认同之后，会以一种"润物细无声"的方式来影响人们的思想，对其产生归属感，从而形成强大的凝聚力量，使"品牌张力"不断放大。诺基亚的"科技以人为本"，周大福的"真诚，永恒"，海尔的"静听海的声音"，联想的"就是这么真实"，移动的"我的地盘听我的"等，这种强烈的心理暗示，使人们不知不觉地选择它、靠拢它，形成恒久的品牌忠诚度。品牌是一种包含产品、消费者与企业三者关系的符号，既形成"有口皆碑"的局面，也有"众口铄金"的意味。有学者认为："品牌是凝聚着企业所有要素的载体，是受众在各种相关信息综合性的影响下，对某种事物形成的概念与印象，它包括对产品质量、附加值、历史以及消费者的判断。在品牌消费时代，赢得消费者的心远比生产本身重要，品牌形象远比产品和服务重要。"也有人认为："品牌是一种复杂的关系符号，它包含了产品、消费者与企业三者关系的总和。品牌即是这三种关系属性在一定时期的商业整合与互动过程中所形成的相对统一的符号化的关系模式，并为三者创造价值的一种商业行为。"

同时，品牌是一种商品的名字，而其价值是一种基于被消费者和市场认可而形成的资产。"品牌资产"是20世纪80年代西方研究营销和实践领域中出现的一个重要概念。

1991年大卫·艾克的有关著作出版后，品牌资产成为营销研究的热点问题。学者认为："品牌资产是一种超越生产、商品及所有有形资产以外的价值。"也有学者认为："品牌是个名字，而'品牌资产'，则是这个名字的价值。其重要性在于企业界为了建立品牌价值，不惜投入巨资使买主放弃原公司现有产品，因为他们要的只是卖方名字而非产品。"还有学者指出："品牌资产有三个特点：一是品牌资产是一种无形的东西，它不是物体，而是一个条件，像温度和湿度一样；二是品牌资产是由品牌名字带来的，是一个公司拥有的最重要资产；三是品牌对公司的价值是通过品牌对消费者的影响产生的，是消费者关于品牌的知识的了解。"

最后，品牌是企业内在属性在外部环境中创造出来的一种无形资产。它渗透人心，形成不可泯灭的无形资产，可以给企业带来无穷财富。在市场营销过程中，一种产品或服务因其品牌名称不同而产生不同的结果。有资料显示：一件同类且具有知名度的品牌产品往往比没有品牌的产品贵15%—30%，销量前者是后者的2—3倍。如李宁运动品牌在品牌升级之后，简洁明快、充满动感的标志符号，不断为自身注入主动进取、生机勃勃的体育精神和年轻时尚的品牌时代内涵，进而使其销售量逐年增长，跻身同类商品前列，并在国际领域占有一席之地，产生了巨大的品牌价值。

一、品牌的变革

1950年,广告大师大卫·奥格威第一次提出品牌的概念,品牌的研究才真正开始。纵观品牌理论研究状况,其发展变革有以下几方面的内容。

(一)20世纪50年代初兴起CIS理论

CIS是企业形象系统的简称。完整的CIS包括三个子系统:理念识别系统、行为识别系统以及视觉识别系统,企业通过这三个子系统的运作,对内使员工产生认同感和信赖感,对外塑造良好的个性形象,从而达到扩大品牌营销的目的。

(二)20世纪60年代的市场营销组合理论

1960年,杰罗姆·麦卡锡教授提出了"4P"分类组合,即产品、价格、分销渠道和促销。20世纪80年代中期,菲利普·科特勒又提出了"大市场营销"的战略思想,把营销组合的"4P"扩展到"6P",即在原有基础上再添加公共关系和政治权力。后来唐·舒尔茨等人提出"整合营销与传播理论"。该理论把消费者提到至关重要的位置,将品牌广告营销的重点从"消费者请注意"转移到"请注意消费者",主张根据消费者的实际需求确立统一的传播目标,并综合应用各种传播手段,发挥不同传播方式的作用,以达到品牌的整体传播的效果。

(三)20世纪70年代的品牌定位理论

1972年,美国当代营销大师阿尔·里斯与杰克·特劳特在美国杂志上发表了论文《定位时代》,宣告"品牌定位新纪元"的诞生,直到今天还盛行不衰。此后,林恩·阿普绍也于1999年出版了《塑造品牌特征——市场竞争中通向成功的策略》。他认为企业只有集中经营、准确定位来塑造品牌个性,才能在市场上有一席之地。

(四)20世纪80年代末90年代初的品牌资产理论

1991年,大卫·里克斯出版了《管理品牌资产》一书。该书一直畅销全球。凯文·莱恩·科勒于1998年提出了基于消费者的品牌资产价值概念,是目前国际营销学界普遍接受的主流品牌资产管理理论。该理论认为,品牌是一种无形资产，可以延伸和扩张，可以被评估和转让。它一方面影响和引导全球消费者自觉或不自觉地产生对知名品牌的信任和消费需求，另一方面也对企业创造和发展品牌指明了方向，同时也推动和促进全球品牌实践和品牌理论的发展。

我国品牌理论的研究起步于 20 世纪 90 年代，但大部分都停留在现象描述和批判研究水平。真正的实证研究和模型研究，直到近几年才接近西方品牌理论的研究水平。而纵观国内外的品牌研究，其中一个共同点是注重个案的实证研究，旨在以理论与实践密切结合来解决问题，才能指导企业获得巨大成功。

二、品牌与产品

今天，尽管品牌意识已深入人心，但是当真正问到品牌是什么，仍然会有人认为品牌就是产品。正确的表述是："品牌是指能够体现产品个性，将不同产品区别开来的特定图像的名称、标志物、标志色、标志字以及标志性包装等的综合体，它是消费者记忆商品的工具。"

品牌包含产品，产品表现品牌。产品是品牌的载体，但不是品牌本身。一个品牌名下有一个甚至多个产品，单一产品却未必能够成为一个品牌。产品是生产出来的，品牌是消费者带来的。产品可以被竞争者模仿，品牌却独一无二。产品极易过时落伍，而成功的品牌却能长盛不衰。产品是具体的，而品牌是抽象的，它存在于消费者的意识中。产品是通过某种特定功能来满足消费者的需求，而品牌则是消费者在使用了产品后所产生的一种认知。品牌作为一种无形资产，即使其物质载体消失了，还可以凭借其影响力重振旗鼓。

因此，品牌不等同于产品、商标和名牌。它既是科学也是艺术，涵盖了社会学、美学、心理学的游戏规则。人类创造了品牌，品牌改变了社会，最终改变了人自己。当我们围绕概念展开，从社会和人心理层面去思考、感知、解读、追寻品牌的时候，或许能够从中领悟到创造所体验的时代精神。

三、品牌与名牌

名牌并无准确的概念，但一定是具有知名度及美誉度，它代表着优良品质而非高价位，可以是高质高价，高质中价，甚至高质低价如农夫山泉矿泉水等，名牌具有时效性，昨日的名牌未必能延续至今。"太阳神""小霸王游戏机""燕舞电器"等曾经让我们耳熟能详的名字，如今纷纷销声匿迹。所以，品牌可以转化为名牌，名牌若不注重经营则会失去名牌效应。

在品牌的知名度、美誉度与忠诚度三个向度之中，知名度只是其中之一。在理想状态下，名牌是得到社会公众充分认可的著名品牌和具有极大市场影响力的强势品牌，是知名度、美誉度、忠诚度三个向度的完美统一。但知名度不是全部，它不能完全支撑品牌的价值和营销力。知名度越高，品牌就越"脆弱"。众目睽睽之下，稍有闪失，就会影响巨大，严重者导致"臭名远扬"。

四、品牌与商标

商标（trademark）是被卖方所采用且被法律保护的一个标识，从这个意义上讲，商标是一个法律术语，是国家机构授予生产经营活动的权利标志。而品牌更多的是一个管理和营销活动中的概念，它包含了商标，商标只是品牌要素中的重要组成部分而不是全部品牌。

商标是产品名称、图形记号或两者相结合的一种设计作品，经有关部门注册登记、批准后才享有其专用权的标志，并且受到法律的保护。假冒、仿冒商标和恶意抢注商标都构成对商标的侵权。商标与品牌都是无形资产，具有一定专有性，其目的都是为了与竞争者区别，有助于消费者识别。品牌不能通过注册而形成，而是在其营销的市场经济过程中与消费者互动而产生的。因此，品牌是一种"消费认知"，是消费者"给予"的，而商标是一种"产品标记"，是国家授权机关依法"登记"的。

五、品牌设计与企业形象设计

广义的品牌设计包括战略设计、产品设计、形象设计和CI设计。而企业形象设计是品牌设计的一个方面，有较宽泛的内涵。狭义的品牌设计则是指品牌名称、商标、商号、包装等方面的设计，基本上等同于企业的视觉系统设计，在此观念中,品牌设计是企业形象设计的一个方面。但后一种定义过于狭窄,仅仅理解为对牌子的设计,不符合现代营销对品牌的理解,前者更为全面地涵盖了品牌设计的内容。

六、品牌设计与产品形象设计

品牌设计,已不仅仅是产品形象设计。品牌设计自身是一种具有丰富内涵的产品,即对产品视觉形象注入品质、销售、服务、消费等理念,形成统一规范的形象推广系统,完成与消费者的沟通并获取好感的方式。因此,对设计人员而言,品牌设计包含着策划与设计的同步操作系统及形式和内容的同步研究。其原因有四个方面。

第一,品牌的背后必定有相对应的组织和产品。组织包括营利性组织和非营利性组织,产品包括有形的(如食品、鞋子、书包等)和无形的(如培训、信息等)。这种系统性内容需要作出预期策划,在设计领域的表达方式就是文案策划。

第二,信息高度发达的现代社会,很多公众行为的内容和形式已经被"符号化"或被"品牌化"。因此"品牌"并不仅仅是纯粹的商业概念,它作为一种"消费印象"和"购买喜好",涉及的领域非常广泛。如选择到哪个城市生活,选择到哪家餐厅吃饭,选择到哪所服装店消费,都是在选择一种品牌:城市的品牌、餐厅的品牌、服装的品牌。这种选择就是设计的出发点。

第三,品牌的视觉形象设计是重要环节。品牌是一种名称、标志及其组合应用,显示产品个性并与其他产品区分开来的识别系统。任何一个品牌之所以成为"品牌"并能够被记忆和区分,是因为它具有独特的识别符号,能够整合和强化人们对其的认同并成为记忆的工具。当人感知到某种特定符号时,会产生相关的"品牌联想"。如当有人看到或听到"苹果"这两个字时,可能会想起"苹果手机""平板电脑",想起"电脑工作站",想起乔布斯等。人们对品牌的认知程度不同,所产生的品牌联想也就不同。

第四,品牌的推广方向就是品牌的创意来源点。当人们对品牌发生联想时,品牌的内在品质、服务和承诺受到特定视觉形象引导。这种形象是特定文化意义的载体，引导品牌的标识和图形产生特定意义的视觉联想和记忆，从而构成品牌的传播效应。在这个意义上讲，品牌的设计也是视觉层面的传达设计。

文化创意类产品是以某种文化符号为基本出发点，注入文化创意内涵的二次设计产品，是社会发展、城市化进程、现代人类审美认知提升等因素共同催化的结果。文化创意的产品强化品牌形象理念设计、突出品牌独创性、深化品牌文化内涵三方面，将文创产品用品牌的理念加以规划，运用品牌形象设计原理加以提升，文创品牌的诞生和发展始终离不开文化性、实用性、艺术性、情感性四条呈现原则。

文化创意产品是以文化为基础，发挥创意思维并对产品进行创造与研发。它综合了文化产品的"文化经典"和创意产品的"创造创新"的双重特征，以文化生产和服务为产品研发对象，涵盖文化与创意、项目策划、产品与服务设计、文化创意内容研发、文化创意活动构思与生产经营。文化创意品牌的核心在于它所确立与倡导的与人们生活息息相关的价值观与生活行为信仰，它们重新构建了人与物的关系，传递信念建立价值与信任的基础，进而影响人们的生活行为的方式。每一个文创品牌的诞生的背后，都有一个打动人心的故事。故事所传递的是品牌创始人基于专业技术的生活需求、价值体验、社会实践思考出发的一套生活信仰，而品牌通过产品以及与产品相关的设计将这一信仰严谨而又细密地传递给消费者和使用者，运用细密的细节特性实践与文创品牌的每一个细节，从品牌视觉感官到产品材质、结构功能、审美装饰，再到营销、服务、使用步骤的每一个环节，都在诉说关于这个品牌的文化精神气质，而通过产品以及相关的设计传达给使用者，让使用者完成一次完整的情感互动，最终达到情感交流，从而使品牌的特性深入人心，将无比丰富的精神体验留存内心，从而提升文创产品的品牌价值。文创产业和品牌的实践者和设计者，在微观层面，把抽象的文化价值和文化观念要素，通过创意与智慧的杰作，具象到可以感知并具有实用功能的产品中去，为我们内心深处所认同的某种精神内涵找到了清晰的物质载体和归属感。在社会层面，他们以独特的角度理解自然、历史、社会、经济、工艺、技术等不同的文化要素，张扬个人的创造力，将情感渗透于生活方式与日常产品的细节，期望建立某种具有宏大意义的社会文化愿景。

文创品牌的创作者注重作品中原创力的呈现与坚持，推崇文化、艺术、精神层面的价值挖掘。而绝非仅仅根据消费者的需求与响应，制作所谓的纯商业性产品。文化创意产品的内容可引发情感的共鸣经验，创作者通过提升文化创意产品背后所蕴含的价值理念和故事影响力，进而感动消费者，并引发消费者独特的共鸣经验。品牌对于消费者而言，是一种对于以往生活方式的一种积累和认可，而对于生产者而言，品牌得以让他们在众多的市场竞争者中脱颖而出，抓住消费者的内心，形成感情的认知，通过精准的市场定位、精确的形象设计、精美的产品设计、精细的客户服务、精彩的销售推广、精妙的价值沟通，品牌将其形象转化为消费者心中的美好精神体验，令体验者在面对某种产品时自然而然地通过产品想到这个产品的品牌。

　　由于文化创意产品的品牌覆盖文化领域和创意类别。既具有文化和创意领域的自带特征，又具有其综合特质，这主要表现为：其一产品品牌精神性。文化创意产品的文化性决定产品在注重社会效益的同时，还必须遵从产品的文化品位与精神引领特质要求，让消费者在美妙的精神文明中接受熏陶。其二，产品品牌的意识形态性。文化创意产品在满足消费者功能需求和精神需求的同时，还通过品牌的精神价值发挥意识形态功能的作用，进而影响使用者的思想、价值观、人生观和世界观。其三，文创产品品牌的创意性。文化创意产品的品牌，通过创新思维和原创能力，对"内容产业"进行整合再设计。

第四节　文创品牌的定位和功能

　　品牌在市场中成长，是消费者认可的结果，没有消费者就没有品牌，这种相互依赖的关系，呈现出一种品牌的选择，使品牌以顾客为上帝，以市场为先导。今天的商品，主要功能已转化成以表达情感和象征价值为主。作为人与人之间进行沟通解码的理想标志，品牌的推广显然从以产品为中心的信息转向以体验为中心的信息，在消费者与品牌的双向选择中，消费行为本身也变成了一种主动、快乐及更为个性化的生活方式。正因为如此，创建一个品牌，就要针对其特定的消费群体，传递出一种生活态度并引导消费观念，培育一个积极市场，使品牌在这个过程中建立起来，令未来的企业成为受品牌驱动的企业。

文创品牌的选择是文创品牌建设中最核心的组成部分，包括"文创品牌定位""定位策略"和"市场调查"，而"定位"是策略中最基础的形式。所谓定位，就是在推广宣传活动中，突出商品符合消费公众需要的个性特点，确定文创商品基本品位及其在竞争中的独特方位从而树立该文创商品的稳固形象，是市场营销中的重要概念，简言之，定位就是确定位置，如广告定位主要是指在广告活动中，如何科学、有效地确定广告主题，即要确定广告为达到某种目的而要说明的基本观念，提出与其他商品不同的购买理由，以这些概念确定市场宣传导向。

一、文创品牌的定位理论

20世纪50年代，西方市场经济正处在营销观念从商品观念向推销观念转变的时期，当时具有代表性的理论是商品推广理论：要把注意力集中于商品的特点及消费者利益上，推广应有"独具特点的销售说辞"。也就是说，商品在宣传广告中要注意商品之间的差异，并选出消费者最易接受的特点为广告主题，通过突出差异来刺激购买。对商品特点多角度进行分析，如从原材料、制造、使用价值和价格等方面，把最受欢迎的特点提出来进行推广往往是很有效的。

但是随着经济发展和科技进步，商品间差异越来越小，而且某些差异对消费者来说并没有实际意义，从而使这种理论的实践意义逐步缩小。究其原因，对于经济不发达、消费水平不高的国家与地区，购买者往往犹豫不决，导致一次购买要收集大量的信息进行比较。而对于理性购买者和集团来说，购买高档、耐用的商品又都需要商品的详细资料。因此，这种理论与方法是经济欠发达时期的产物，带有生产观念的痕迹，考虑问题的重点是"我"已经生产的商品，具有较大的落后性与局限性。

理论的发展阶段是20世纪60—70年代。这个时期，由于"买方市场"形成，任何一种文创商品的畅销都会很快导致大量企业蜂拥同一市场，商品之间的差异变得不那么重要或根本无法区分。一个企业要在这种市场条件下生存和发展，只靠突出产品特点已远远不够，企业的声誉和形象显得越来越重要，有人形容它为"形象至上"的时代，而CIS理论正是在这个时期发展起来的。该理论在这个阶段的特点是"从里向外"考虑问题,即确定商品广告主题基本上是从商品本身或企业本身出发,它更重视的是从"我的特点"转向市场。

理论的成熟阶段是20世纪70年代以后,市场营销观念得到充分的发展。一个企业不仅要站在消费者需要什么这个角度去考虑生产什么,还必须走在消费者前面为之设计,引导消费和"创造"消费。这个阶段,现代市场营销观念要求商品推广必须在观念上有一个大的转变,即研究以消费者作为广告定位为出发点。其中最具代表性的观念是由美国阿尔·里斯和杰克·特劳特提出的:"广告已进入了一个以定位策略为主的时代,去发明或发现了不起的事物并不够,甚至不需要。你一定要把进入潜在顾客的心里作为首要之图。"现在被广大消费者所热衷追捧的苹果手机,是在与"摩托罗拉"和"诺基亚"等手机品牌的竞争中逐渐赢得了消费者的认可和追捧。

这种观点把广告立足点从商品差异、企业差异转向消费者心理差异,就是一种进步。"定位"的概念由此才广为流传。产品推广定位也从过去的"从里向外"转为"从外向里",这是营销观念的一种飞跃发展。

二、文创品牌的定位

文创品牌的形象定位,目标是为了争取顾客。在科技日新月异的今天,同类文创商品之间的质量差异愈来愈小,消费者凭印象购买已成为一种趋势。所谓文创品牌定位,就是要使商品在顾客心中占领一个有利位置,一旦某种需求产生,消费者会首先想到某一品牌。

文创品牌定位的理论基础:文创品牌定位并非改变文创商品本身,而是要在顾客心中找到一个位置,占领有利地位,其理论基础建立在人们只看他们所期望看到的事物。一个优秀的文创品牌的引导,会让人们往好的方面体会。广告的主要目的之一就是要不断地向消费者传达其所期望的奇迹和感觉。人们排斥与自己以前知识与经验不符的东西。如果广告创造与人们预期相反,被推销的文创商品就会陷入困境。消费习惯就这样形成,对其改变,往往要付出巨大的努力,同时,人们对同种事物的记忆是有限度的。心理学研究表明,很少有人能准确列出同类商品或消费领域中七个以上的品牌。人们在为特定需求选购商品时,其头脑中往往会对所购文创商品品牌排出顺序。如某种文创品牌一旦最先被想到，则被购买的可能性最大，它就会在市场上占有份额。而文创品牌秩序一旦建立起来，要改变它是很困难的。

文创品牌定位的原则：文创品牌定位是同类型文创商品之间市场竞争的心智较量，而竞争必须讲究原则和方法。比较有代表性的原则有以下五方面。

1. 求先为上。"求先"包括两层含义，一是使文创品牌最先占据消费者心理，二是以实力争先，树立文创第一品牌的形象，占据优势地位。如果某种文创品牌形象已经为消费者喜爱，后来者就很难取而代之。

2. 求新创优。在文创品牌形象定位时，突出新的商品、新的特色、新的技术、新的服务等，从新的角度向潜在消费者传递文创商品在新方面的"最"与"第一"，就能取得成功。许多文创品牌的先进经验表明，若能在"创新"上下功夫定好位，会获得事半功倍的效果。

3. 突出个性。文创商品之间的市场竞争，可能是实力相当的竞争，也可能实力悬殊。在处于劣势的情况下，要避免正面冲突，另辟蹊径，以期获得竞争的胜利。回避差异的原则在文创品牌定位的运用中，多采用从观念上把文创商品市场加以区分的方法。

4. 突出优势。任何优秀文创产品都不可能占领同类文创商品的全部市场，也不可能占据全部的优势。产品问世晚不要紧，重要的是具有善于寻找和创造空隙的能力。运用这一原则，关键是善于发现能有利于挤占空隙的因素，这就要求设计人员熟悉市场，以敏锐的洞察力及综合分析能力，把握机会针对产品提炼出相应的切入点。

5. 更新观念。在经济发达的市场中，文创商品有成百上千个品牌，要寻一个"虚"位空隙很不容易。这种情况下，企业要想自己的文创商品品牌在消费者心中占有一席之地，就必须设法使竞争者在人们心理已占据的位置上重新定位以创造一种新秩序。而要达到这种目的，就必须对竞争者的文创品牌形象进行研究，找准其缺点或弱点，并以此为由重新定位。这种"不断更新"的原则在于减弱现存观念，推销更新的观念。

三、文创品牌的定位策略

(一) 文创品牌市场定位

文创市场定位策略是依据市场细分原则，找出符合文创商品特性的基本顾客类型，确定目标受众。如果市场定位失误，整个文创商品宣传则会失败。如北京故宫博物院的文创商品运用市场细分原则定位，选择最有利的消费者目标市场，在文创商品广告宣传中以及经营的模式上的多元化创新整合，对于现代文创品牌的建立和传播具有极其重要的意义。

文创市场细分，是设计者通过市场调研，依据消费者的需要与愿望、购买行为和购买习惯等方面的明显差异性，把某种文创商品的市场整体划分为若干个消费群体。其方式分为文创地理细分、文创人口细分、文创心理细分、文创行为细分。

所谓文创地理细分就是把市场以不同的地理区域，如地区、省市、城市、农村等进行区分。文创人口细分是按年龄、性别、家庭人数、收入、职业、教育程度、宗教、社会阶层等人口统计变量，划出不同的消费群体。文创心理细分则根据公众的生活态度、个性、消费习惯等把公众分为不同的消费群体。通过统筹分析梳理出消费群体的特性，针对受众的需求和兴趣与之设计相应的文创产品，有效地影响目标受众。

(二) 文创商品品牌定位

文创商品具有多方面特性，拥有许多优势。在信息量极为有限的文创商品广告中，详尽宣传商品，如原料、设计、性能、价格以及使用方法、品种、规格、款式等，如果逐一罗列，这既不可能也没必要，它往往导致宣传主题的弱化而降低宣传效果。这时需要运用文创产品品质定位策略，找出文创商品诸多性能中符合目标受众要求和文创商品形象的主要特征，开展文创品牌形象的宣传。在国外，同样类型的文创商品，其品质定位是不尽相同的。

如台湾地区的一个大米品牌运用中国书法的文化特征和大米相结合，既突出了商品的文化属性，也突出时尚新潮的个性和强调人类情感的理念等。在运用商品品质定位策略时,所确定的宣传重点与形象意境要符合文创一贯的形象要求和意境。

(三)文创品牌理念定位

所谓理念定位,是在文创商品推广广告设计过程中,根据公众接受的心理,确定主题观念所采用的一种策略。根据文创品牌诉求方式的不同,理念定位策略可分为正向定位和逆向定位两种。

1. 正向定位策略。在文创商品推广广告设计作品中,要能够找出目标受众的关心点,设计出相应的有感召力的宣传词,充分展示文创商品核心价值的优势形象,才能产生良好的宣传效果。如台北故宫博物院的一组文创商品宣传广告。

2. 逆向定位策略。针对现代人所持有的逆反心理思维而采用的设计方式。逆反心理是公众在外界信息刺激下,有意识地摆脱习惯思维的轨迹,而向相反的思维方式进行探索的一种心理取向。在这种心理状况支配下,禁止得越多,公众越是想冲破戒律"第一个吃螃蟹",即所谓的"第一效应"。根据这种效应,可以设计"逆向思维"的宣传词,通过"没有"来刺激公众的消费欲望,这样有时比正面宣传更加有效。如一些文创商品的限量销售。

(四)文创品牌的记忆功能

品牌记录着产品的历史,也预示着它的未来。文创品牌包含各类模式的雏形,通过文创品牌,我们可以探索其所在的领域及其未来的发展空间。文创品牌特性的研究有两个目的:一是分析文创品牌的生产,二是分析文创品牌的反馈。文创品牌形象本身就是一种记忆储存,因其相对稳定,在短期内很难改变。此外,它还有另一个功能是指导消费者,为购物提供长期的消费指南。要对每一种文创品牌进行标价和分类,我们绝不能背离它的品牌形象,因为形象是吸引顾客的主要因素。消费者对文创品牌的忠实是从尊重或崇拜文创品牌形象开始的。文创产品软弱无力,有失众望,必须尽力补救,而不能指望改变初衷,要维护文创品牌的消费者,文创品牌不能失去自我。

文创品牌的品牌精髓和我们理解的、正常意义的品牌属性是一致的,就如驰名商标应有自身属性和既定目标一样。沃尔沃汽车代表着安全;奥迪汽车的卖点以高科技取胜，富于创新感；奔驰汽车主打高端汽车市场，给人以华贵享受；宝马汽车的定位是追求驾驶的乐趣。在各种市场上，每一种驰名商标都有自己的王牌和拳头产品，汽车产品尤其如此。因为它告诉顾客品牌研究、革新的发展方向及其作用的领先性。同样的道理，文创品牌也不是万能的，它必须独辟蹊径，找到消费认知相同的那个点。

文创品牌的精神体现在文创产品和文创商品中。文创品牌内容是文创产品和文创广告不断积累而成的，前提是永久性的指导思想和战略原则。其中，积累是关键。文创品牌的记忆功能可以解释为隔代产品之间的差异。博物馆相关的文创产品就能说明。由于消费者对其文创品牌累积的记忆，使其每一次新的文创产品推广都非常成功。文创品牌具有产品的记忆功能，是稳定的参照系数，与广告不同，广告往往以最后一条文案取胜，它的最后一个形象储存在记忆中，而文创品牌的初始印象则显得非常重要，为以后打下基础。文创品牌好比滤色镜，不和谐、杂乱无章的色彩往往被过滤掉。非特色文创产品品牌扩张上的失败对文创品牌本身并没有直接影响，尽管这会动摇投资者的信心。文创品牌要消除不和谐因素，加强品牌特色，让人记忆犹新，创造过目不忘的视觉和心理感受。

（五）文创品牌在市场竞争中的功能

当我们讨论文创品牌竞争力的时候，所强调的并不是它的法律含义，而是它的市场含义。在构成文创产品竞争力的诸多因素中，品牌既是一个决定性的直接因素，又是一个综合因素。文创品牌是文创产品质量和企业信誉的保证书。当代文化商品市场，文创产品的竞争越来越表现为文创品牌的竞争，文创品牌已经成为某种文创产品区别于其他同类文创产品的重要标志。例如同样都是矿泉水的商品，农夫山泉的全新升级的水包装在视觉上和营销上都让人耳目一新，赋予浓厚的地域特色和良好的视觉冲击力，富于良好的品牌价值，使其在同类的商品中脱颖而出。2015年初农夫山泉针对国内高端水市场的空白，推出了长白山莫涯泉低钠泉水为原料的国内第一款高端矿泉水，主要售卖渠道为高端酒店、餐厅、超市等。该款高端矿泉水上市后引起了轰动，在国内高端矿泉水市场上具有重要的战略意义。该矿泉水共分两个系列，浅绿色透明玻璃瓶含气矿泉水和无色透明玻璃瓶不含气矿泉水，并在中国农历新年推出了只送不卖的生肖纪年瓶，其包装设计邀请了英、意、俄三国五个创意团队，历时三年共计五十八稿才最终确定，由来自英国的全球知名创意设计团队 Horse 拔得头筹。该系列矿泉水包装设计以长白山代表性动植物为插画主体，其中插画内容包含：东北虎、中华秋沙鸭、马鹿、鹗、红松、雪花、山楂海棠、蕨类，将地域特色文化融入新的设计理念，达到了良好的市场反馈（图1-4-1）。

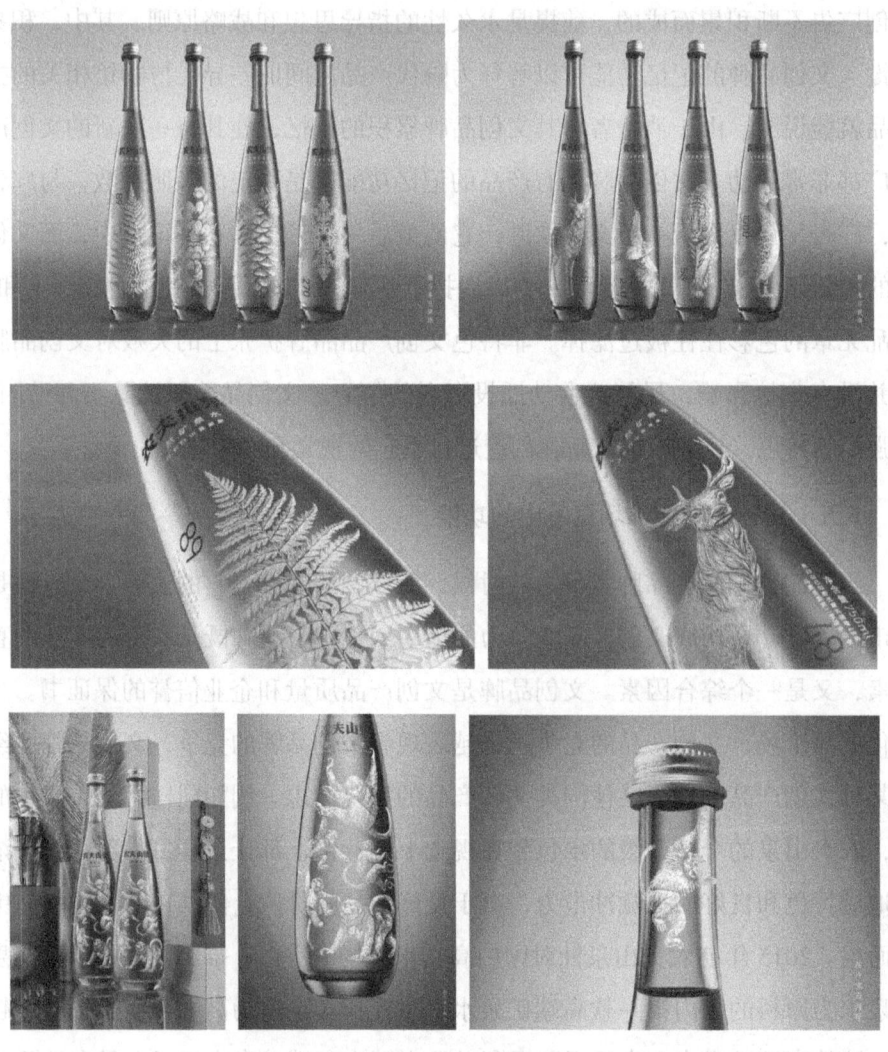

图1-4-1　农夫山泉包装设计

品牌逐渐成为市场竞争的首要因素。它把某种产品的竞争特色集中在自身上，使人们一看到这个牌子就想到它的质量、价格甚至售后服务的特点。因此，品牌是产品的各种竞争要素的综合表现。

在决定和影响文创商品竞争力的诸多因素中，文创品牌实际上居于核心地位。无论是影响产品竞争力的直接因素，还是间接因素，最终在国际市场上都表现为文创产品的品牌竞争力。因为在国际市场上，国家的竞争力、行业的竞争力和企业的竞争力，都要通过产品的竞争力来体现，而产品的竞争力则集中体现在所使用的品牌上。

文创品牌在市场竞争中的作用并不只表现在文创产品的识别功能上，虽然产品的质量性能和企业的市场信誉能够首先通过品牌传导给消费者，但是品牌，尤其是名牌的功能，更多的是它的市场影响，是它带给消费者的信心，以及它在给予购买者物质享受的同时，还能带给消费者一定的精神文化享受。

1. 文创品牌是企业竞争力的综合表现

首先，文创产品的竞争力表现为文创品牌的竞争力。当我们说到某种文创产品有竞争力时，通常都是指某种"品牌"的文创产品有竞争力。这种竞争力不是文创产品的某一单项指标，而是一个文创名牌所代表的产品的质量、性能和信誉的综合表现。

其次，文创品牌竞争力同时也是企业综合实力的表现。就好比是我们身边的有代表性的"明星"品牌，如可口可乐、万宝路、IBM等品牌，既是世界名牌产品，也是这些大型跨国公司实力的象征。名牌在市场竞争中还具有相当的关联效应，凡是消费者认可的牌子，除了其主导产品之外，同一品牌的相关产品，同样可以赢得消费者的信赖。

由于品牌在产品竞争力诸因素中处于核心地位，企业要提高文创产品的综合竞争能力，就必须围绕提高文创品牌的竞争力来做文章，才能真正提高产品的市场竞争力。企业的价格战略、质量战略和市场营销策略要围绕品牌战略制定和实施，品牌战略的成功与否，从根本上决定着产品的竞争力。更进一步说，围绕品牌战略而进行的成本管理、技术开发、产品创新和规模扩大，也影响着产品的竞争力。其中对文创品牌竞争力影响最大的是文创产品技术开发和广告营销,这是现代市场竞争力品牌能否成为名牌的两大关键因素。

2. 文创品牌对消费者的影响

在国际文创市场营销过程中,消费者会通过自己长期反复购买逐渐建立起自己的文创品牌偏好,甚至最终形成个性消费的文创品牌忠诚。而文创品牌对消费者的这种影响最大,在实际的市场营销过程中,消费者对于成千上万种文创商品的了解总是有限的,不仅缺乏各种各样的文创商品知识,缺乏对于商品的原料、制作过程、工艺水平等的了解,更缺乏对于同类文创商品信息的比较和对照。所有这些,消费者只能通过反复的购买来认知自己喜好的文创品牌,进而通过品牌来鉴别某种商品的综合信息,从而建立起自己的品牌偏好。

通过对某种文创品牌的产品长期反复的购买和消费,消费者逐步建立起对某文创品牌产品在质量、性能、风格等各个方面的充分信赖,从而在这一消费领域只认可这一文创品牌形成了对这一品牌的忠诚度。

品牌忠诚的建立不是一件轻而易举的事情,消费者对于某一文创品牌的充分信赖,是对文创品牌拥有者真诚的承诺所给的回馈,这种回馈是建立在高度的市场信誉和道德规范基础之上的。品牌忠诚既是文创品牌竞争力的独立表现,也是文创品牌竞争力的最高表现。品牌忠诚不仅有一定的消费文化背景,而且需要有高度发达的市场信誉和市场道德规范做保证。在一个假冒伪劣充斥的市场环境中,很难建立这样的品牌忠诚。

3. 文创品牌能促进市场规模

文创品牌竞争力有着相当明显的规模效应。现代市场经济中的名牌都是建立在一定的规模之上,也就是说,必须以一定的市场份额做基础,才能称得上是有竞争力的品牌。纵观世界名牌,无不是以市场份额来竞争世界市场的。反过来说,只有具备了一定市场份额的品牌,才能称得上是世界名牌。那种一味追求"珍品"的贵族营销战略,永远不可能被广大消费者所接受,也就永远不可能成为名牌。在世界名牌之林中,销售额在百亿美元以上的并不罕见。诸如可口可乐、IBM等。可以明显看出,没有规模就很难成名牌。

一个文创品牌要成长为名牌，受到各个方面因素的影响。除了产品的质量、价格和广告等直接因素之外，还受到管理、技术开发、产品创新因素的影响。而所有这些长期影响文创品牌竞争力的因素都直接受到经济规模的制约和影响。有了规模才能有效地降低管理成本，增加技术开发和广告宣传的投入，提高文创品牌的竞争力。

名牌的成长依托于企业的规模。只有规模较大的企业，才可能有较大的实力进行技术开发、广告宣传，并建立起完善的销售和服务网络。如我国北京故宫文创和台湾故宫文创名牌就已经形成一定的规模。虽然还不能同世界的著名的博物馆文创在国际市场上直接相抗衡，但也有了一定的竞争实力，这是名牌竞争的根本所在。

"文化是一个国家的心灵和大脑，它的思想有多么深厚，它的想象力有多么活泼，它的创意有多么灿烂奔放，它自我挑战、自我超越的企图心有多么旺盛，彻底决定一个国家的真实国力和它的未来。"（龙应台）

全球政治进入多级格局，文化也日益繁荣多元，现如今更多的人在谈论文化创意产品、文化创意品牌。它们作为经济发展的重要动力，甚至是国家竞争的软实力，已经在全球多个国家得到政府层面的认可和推动，这是源于消费者对品牌文化的认知、对品牌艺术的崇尚与追求。

通过精准定位、形象构建、产品设计、客户服务、销售推广、价值沟通等将产品内化为消费者心中美好的感觉，进而占领心智。大多以创始人为中心进行建设，展示创始人个性化的追求和品位，看上去"美"。而文创产品不仅要看上去"美"，也要有"内容"，除了满足基本需求，还要带给人惊喜，拥有实在的真、善、美。如若能因此改变人们的生活方式，才是最佳。

目前我国具有较好文创品牌形象与效益的单位主要包括故宫文创、国博文创、奥飞娱乐、美盛文化以及德艺文创等民营企业。近几年四川博物院、西安博物院等博物馆文创产品也有较好的发展。出于我国实现经济总量提高、产业结构调整和文化软实力增强的长期需求，中国文创产品产业还将持续拥有广阔发展空间。

第二章 文创品牌策划

对文创品牌有了一定的认知之后，就需要对文创品牌进行策划。所以本章将从四个方面进行具体论述，分别为文创品牌策划的内涵、文创品牌策划的原则、文创品牌市场调研以及文创品牌的诊断与实施。

第一节 文创品牌策划的内涵

策划亦作"策画"，意为谋划、计谋。其中"画"与"划"相通互代，"策画"即"策划"又称"策略方案"和"战术计划"（战略规划），是指人们为了达成某种特定的目标，借助一定的科学方法和艺术，为决策、计划而构思、设计，制作策划方案的过程。策划的作用是以最低的投入或最小的代价达到预期目的。

文创品牌策划是指企业为了提高自身的市场竞争力，在科学调查研究的基础上，运用掌握的策划技能、新颖超前的创意和跨越性思维，对现有资源进行优化整合，围绕文创产品的品牌所制订的一系列长期性的、带有根本性的总体发展规划和行动方案。

文创品牌策划主要是对消费者心理市场进行规划、引导和激发，它不是一个无中生有的过程，而是把消费者的个人需求从模糊转化为清晰品牌认知的过程。英国设计公司 Some One 对"欧洲之星"进行了新的品牌策划设计，"欧洲之星"从 1994 年 1 月开始营运，是一条连接英国、法国及比利时三国的国际火车线路。"欧洲之星"途经著名的英吉利海底隧道，"欧洲之星"线路的开通，结束了这三国原来需要依靠短途飞行的历史，这条线路也是这三国旅游者最喜欢选择的出行方式。"欧洲之星"的商业总监尼克·默瑟说："品牌改变是为了配合我们自己的改变。在经过 16 年运营后,我们投入 700 万英镑来提升及改善我们的服务、产品及整个机构。原来的公司是由分布在三个国家的三个机构组成,现在是改为伦敦作为主公司,这也使得我们在执行上比以前更灵活,更迅速。"他希望消费者在看到"欧洲之星"的新形象时能够感受到他们全新的服务理念。Some One 公司在设计时提出了众多的观念,将"轻松旅行"的概念用于新形象之中,强调品牌的适应性、灵活性和实用性,更是推广了一种低碳、环保的旅行方式。公司将这种变化根据实际情况,延伸到所有的应用设计中。如"欧洲之星"有三个服务等级,即标准舱、一等舱、商务舱。每个级别提供的服务都有所不同,在新的视觉设计中也呼应了这种区别,采用了各自的品牌规范、颜色、文字及图案风格。标准舱(哑光面不锈钢效果)、一等舱(配合其他装饰效果的不锈钢效果)、商务舱(金色效果),每一个图案质感都不一样,但总体仍然是同一个形象,让人感觉是"欧洲之星"下面的一系列不同服务。在标准字体的设计上,典型视觉符号的提取是来自"欧洲之星"的新品牌形象中一个长长的尾部,将这个弧线作为字体中的一个元素进行延展设计,这个概念是为了呼应"轻松旅行"这一理念。标识的设计中融入了新形象的"纽带"效果,能够让人一看到这些标识就联想到欧洲之星。欧洲之星的品牌部负责人 Sarah Sempala-Ntege 说:"Some One 不仅仅重塑我们的品牌形象,而且还为我们创造出一件属于我们自己的艺术品。"

第二节 文创品牌策划的原则

一、了解当地的文化和目标消费者修养

人们经常购买产品,与其说是因为它们的用途,不如说是因为它们的意义。对于消费者的选择,如果不考虑其文化背景,有时可能无法理解。文化是人们用来观察产品的"透镜"。

文化(culture),是理解消费者行为的重要概念,可以视为社会的个性。它不仅包括一个群体所生产的物质产品和提供的服务,如汽车、服装、食物、艺术和

体育，而且包括它所重视的抽象的观点，如价值观和道德观。文化是一个组织或成员共有的意义、仪式、规范及传统的累积。

消费者的文化决定了他对不同活动和文创产品的整体重视程度。它也掌管着特定文创产品或服务的成败。在市场上，能及时满足文化成员需求的产品，比获得消费者认可的可能性要大得多。例如，在70年代中期美国文化开始把瘦削视为理想的体形。对这一目标的重视，来源于运动性、财富、重视自我这类基础的价值观。

消费者行为与文化之间的关系就像一条双行道街道。一方面，在任何时点上，与文化的偏好合拍的产品和服务更有可能被消费者接受；另一方面，对文化及时、成功地创造出的新产品及产品设计的革新进行研究，为我们了解当时占主导地位的文化理想提供了一个窗口。

文化不是静止的。它在不断地演变，综合着新的思想和旧的观念。文化系统包含三个职能领域。

（1）生态学——一个系统适应环境的方式。这个领域取决于获取及分配资源的技术（在工业化国家和第三世界国家间是不同的）。例如，因为自身拥挤不堪的状况，日本人非常喜欢为实现有效利用空间的目标而设计的产品。

（2）社会结构——维持有序的社会生活的方式。这个领域包括在文化内居主导地位的家庭和政治群体（如核心家庭与扩展家庭）。

（3）意识形态——一个民族的精神特性及它与环境和社交群体联系的方式。这一领域的核心是相信社会成员拥有共同的世界观，即他们对于公序良俗的某些见解是相同的。他们也拥有共同的民族气质，或一整套道德及审美原则。

二、建立文化价值观

一种文化的成员共有一套意义系统。他们学会接受一套调节生存方式的信仰和惯例。这些信仰通过包括父母、朋友和老师在内的社交代表传授给文化成员。学习自身文化所赞赏的信仰和行为的过程叫文化认同。

（一）核心价值观

每种文化都有一套传达给某社会成员的价值观。价值观是认为某种状态优于其对立面的一种持久的信念。例如，在一种文化中，人们可能感觉到成为一个独特的人比融入一个组织更可取；但另一个群体也许会强调群体成员资格的好处。许多情况下，价值观是广泛一致的。谁不渴望健康、智慧或是世界和平呢？

（二）价值系统

使文化区别开来的是价值观的相对重要性或称价值的排序，即价值体系。在美国消费者的样本群中存在着高度的一致性，消费者的最高理想都是"一个人们可以安全生活的社会"；相反，东京居民则把"一个拥有完善的福利制度的社会"作为首要目标。45%的美国人欣赏虽然富于竞争性但每个人成功机会均等的社会；反之，仅有25%的东京居民持此观点。

成员对一套价值系统的认可表现了每种文化的特色。这些最终的状态或许并不被每个人同等程度地认可。而且，在有些情况下，价值观可能是互相抵触的（如美国人似乎既重视共性又重视个性，并试图在二者间找到某种和谐）。

（三）规范

价值观是关于目标好坏的非常一般的看法。从其中产生了规范，或称准则，指明了什么是正确的，什么是错误的；什么是可以接受的，什么是不能接受的。有些规范是人为规定的。如"红灯停，绿灯行"，它们明确地起着作用。但许多规范的性质却妙得多。这些逐渐形成的规范隐藏在文化中，只有当它与文化的其他成分相互作用时才被察觉。这类规范包括：

（1）风俗，是从过去流传至今的，控制着诸如家庭劳动分工和举行特别仪式等基本的行为。

（2）禁忌，是带有强烈道德意味的风俗。通常涉及戒律或受到禁止的行为，如乱伦、吃人。违反通常会遭到其他社会成员的严厉惩罚。

（3）习惯，是指导日常行为规范。这些关系到消费者行为的细微之处，包括布置房子、穿衣戴帽、举行晚会等的方法。

这三种形式的规范可共同作用，完整地定义文化上的适当行为。例如，禁忌能告诉我们，哪种食物是可以吃的。但禁忌在不同文化中存在差别。例如，吃狗肉在美国是忌讳的，印度人不吃牛排，穆斯林不食猪肉。风俗决定了开饭的合适时间。习惯告诉我们如何进餐，包括使用的器具、餐桌礼节，甚至晚宴时着装得体这类细节。

我们对规范的了解大都来自间接学习，如我们观看电视广告、情景喜剧、印刷广告及其他流行文化传播媒介中演员的行为，这点是很有好处的。因此，长远来看，厂商在影响消费者的文化认同方面，起到了不可估量的作用。

三、文化与神话

每种文化都创造了帮助其成员理解世界的传说和惯例。当我们考察其他文化中这些行为时，它们通常看起来非常奇怪，甚至不可理解，而本国文化惯例看起来却非常正常，虽然在异文化成员看来可能发现它们同样很奇怪。

当一个社会的成员感到不知所措或软弱无力时，对超自然力量的兴趣便普及起来。任何社会都拥有一套描述文化的神话。神话是一种传说，包含了表达文化共有的情感和理想的象征性要素。故事的特点是对立双方之间存在某种冲突，其结局成为人们的道德指南。这样，神话提供给消费者有关周围世界的行动纲领，从而减少他们的焦虑。

在文化领域，神话有如下四种相互关联的作用：

（1）哲学上，它们有助于解释生命的起源。

（2）宇宙论中，它们强调宇宙的成分都是一幅单一画面的组成部分。

（3）社会学中，通过规定成员应遵守的社会准则，维护了社会秩序。

（4）心理学中，为个人行为提供榜样。

迪士尼公司非常有效地运用了神话中动物具有人的能力的原则。它设计的卡通人物通常十分可爱，却具有经过夸张了的人类缺点。一旦言过其实，这些瑕疵反而不那么令人害怕。如白雪公主的七个小矮人就可视为"七项死罪"的合意翻版。

在现代流行文化中，神话无孔不入。尽管我们通常把它和古希腊人或古罗马人联系起来，现代神话其实体现在流行文化的许多方面，包括连环画、电影、假期甚至广告。

连环画中的超级英雄证明了如何将神话传达给各个年龄层次的消费者。实际上，一些虚构的人物代表一种单一神话，它是许多文化所共有的。最流行的单一神话讲述的是从日常生活中崛起的英雄。他拥有超自然的力量，对邪恶势力取得了决定性的胜利。

大多数消费者熟悉连环画中的英雄，并认为他们比社会名流更可信、更有效。也许"超人"最好地体现了美国人对单一神话的看法。他是一个基督般的人物，拒绝世俗的诱惑，把和平赐还给人类。"超人"这类英雄的形象有时用于包装社会需要的产品、店铺或服务。

四、了解时尚系统

没有一个单独的设计师、公司或广告能完全胜任创造流行文化的重任。每种产品，不管是一张轰动一时的唱片、一辆汽车，还是一种新的服装式样，都要求许多不同参与者的努力。这一系列参与创造并营销文化产品的个人和组织便是文化制造系统。

系统的性质有助于决定最终出现的产品类型。竞争系统的数量、多样性及受到鼓励的与守旧相比的创新数量，这类因素是重要的。例如，对美国西部音乐这一行业的分析显示，当它被少数大公司垄断时，制作的流行唱片彼此很相似；而大量的制造商在同一市场内部竞争时，产品就存在更广泛的多样性。

时尚系统是由参与象征性意义的介绍，并把它们转移给文化产品的所有人和所有机构组成的，尽管人们倾向于把时尚与服装等同起来，但记住一点很重要：时尚的过程几乎影响了所有种类的文化现象，包括音乐、艺术、建筑甚至科学（例如，某些研究课题和科学家在某一时点是受欢迎的），甚至商业惯例也受时尚影响，它的演化与发展，依赖于"时髦"的管理技术，如全面质量管理或及时存货控制。

时尚可视为一组代码或语言，帮助我们揭示意义。但和语言不同，时尚依赖于环境。同一件物品，不同的消费者对它的解释是不同的，在不同的情况下，解释也是不同的。许多产品的意义是无法编码的，即它们不存在确切的意义，观察者有相当大的解释余地。

时尚是一个社会传播的过程，通过它，一种新的流行风格被某个或一些消费者群体接受；相反，一种流行式样（或流行风格）指的是时尚性质的一个特殊组合。流行意味着某个评估群体对它正在做出正面评价。因此，丹麦现代家具式样（以简朴、轻便为特点），这个术语指的是家具（如室内设计的一种流行风格）的特定特征，并不必然暗示它就是当前消费者想要的流行风格。

这些文化范畴影响了许多不同的产品和流行风格。在任一时间，一种文化的主导方面倾向于在截然不同的产品的设计及营销活动中得到反映。一种服装样式和一件家具或一辆小汽车，几乎没什么共同点。但是，对成就或环境论这类价值的压倒一切的关心能决定哪些产品的消费者任何时候都能接受。

于是，这些隐藏或潜在的主题表现在设计的不同方面。一些这样相互依存的例子证实，居主导地位的流行基调是如何在不同产业间引起反响的。政界人物、电影明星、摇滚歌星和着装能影响服装业和首饰业的财富。如70年代末的电影《少帅张学良》因主角身着一身黄绿色军装，而在我国的大街小巷引起了一股军装热。巴黎的卢浮宫在入口处竖起由建筑设计师贝聿铭设计的玻璃金字塔后不久，几位服装设计师便在巴黎时装表演会上展示了不带面纱的金字塔形的服装。

五、时尚是集体的选择

时尚有"席卷"全国的趋势，似乎突然之间，每人都在做同样的事情或穿着同一式样的衣服。一些社会学家把时尚视为集体行为的形式或是社会一致的浪潮。如此众多的人是怎样立即"适应"同一现象的呢？

记住，在文化制造系统内，创造性的子系统试图预测作为购买方的公众的品位。尽管他们的才能各有不同，但子系统中的成员同时也是大众文化中的一员。文化守卫者从一系列普遍的想法和象征中汲取灵感，并且和最终购买产品的顾客一道，受同样的文化现象影响。

"集体选择"这一术语，说明的是某些象征性的选择优于其他而被选中的过程。与创造性子系统的情况类似，管理子系统和传播子系统看来似乎也发展了同样的思维框架。虽然每一范畴内的产品都必须竞争以在市场上获得一席之地，但它们紧紧依附于一个占主导地位的主题或一宗事实，却经常表明了其共同的特点，无论这一范畴是"西部风格""新浪潮""丹麦现代家具式样"还是"东方茶文化"。

时尚是一个在多个层面上进行的非常复杂的过程。从一个极端来看，它是同时影响许多人的宏观社会现象；从另一个极端来看，它对个人行为施加非常个人化的影响。消费者追赶潮流的愿望通常是他做出购买决策的动机。时尚产品同时也是审美产品，植根于艺术和历史。因此，对时尚的起源和扩散存在许多观点。

不少心理因素有助于解释人们为何要追赶潮流。这些因素包括一致性，寻求多样性，个人的创造性和个性魅力。如许多消费者似乎都有"追求独特"的需要。他们想与众不同，但不愿标新立异。出于这个原因，人们经常遵循时尚的基本要点，但又在这些原则框架之内尽可能即兴创作，发表个人化的声明。

格奥尔格·齐美尔于1904年首先提出的利益扩散理论是理解时尚的最有影响的方法之一。该理论声称，有两种互相冲突的力量促使时尚发生改变。首先，处于从属地位的集团，当他们试图沿着社会阶梯往上爬时，竭力采用高于自身的集团的地位象征。这样，占主导地位的流行样式起源于上层阶级，并扩散到下层阶级。但这正是第二种力量产生之处。那些居主导地位的集团成员总在梯子上不断朝下望，确保自己没有被模仿。面对着下层阶级仿效他们的企图，他们的反应是采用更新的时尚。这两个过程创造了一个永远自动持续的变化循环，这才是推动时尚的机制。

由于技术和流通的进步，现代消费者个性化选择的程度比过去高得多。原因在于媒体的曝光使许多群体同时意识到一种流行式样。消费者倾向于更多地受到与其类似的舆论领导人的影响。

结果，每一个社交集团都有自己的确定潮流的时尚革新家。当时尚在同一社交集团的成员间水平扩散时，称它为利益交叉效应更为精练。最后，流行时尚通常起源于下层阶级并向上扩散。典型的情况是，基层革新者在主导文化中缺乏名望（如城市青年），因为他们不怎么在意要保持地位，所以他们更自由地革新并冒险。

第三节 文创品牌市场调研

文创产品市场调研是一种有计划、有组织的活动,必须遵照一定的工作程序,才能有条不紊地实施调查,进而取得预期的效果。文创产品市场调研的程序一般可分为确定调查主题与调查目标、制订调查计划、确定调查方法、实施调查计划、提出调查报告5个主要阶段。

一、文创产品调查主题与调查项目的确定

在文创产品市场营销决策过程中,涉及的范围和内容非常广泛,需要进行调查的问题也很多,不可能通过一次市场调查解决所面临的全部问题。所以,在组织每次市场营销调研活动的时候,应当首先找出需要解决的最关键、最迫切的问题,选定文创产品调查的主题,明确这次调查活动要完成什么任务、实现什么目标。在确定调查主题时,应对主题进行限定,避免调查主题不明确、不具体的现象。当然,调查主题的界定也不能太窄、太细微,如果调查主题选得太窄,就不能通过调查充分反映市场营销的情况,使调查起不到应有的作用。

根据文创产品调查主题的性质和调查目的的不同,调查项目可以分为探索性调查、描述性调查和因果关系调查三种类型。

(一)探索性调查

一般是在调查主题的性质与内容不太明确时,为了了解问题的性质、确定调查的方向与范围而进行的搜集初步资料的调查。如一个文创企业在自身的经营活动中发现近几个月文创产品销量存在下降的情况,其原因可能是竞争者争夺了市场、市场上出现了新的替代品、受众的爱好发生变化或文创企业产品质量出现问题等。此时,文创企业就可以通过探索性调查寻找症结,通过探索性调查了解情况,以及时发现问题,从变化的市场环境中发掘出对市场营销决策有积极意义的新因素。

(二)描述性调查

描述性调查是一种常见的调查,通常是对文创市场营销决策所面临问题的不

同因素、不同方面的调查研究。描述性调查强调资料数据的采集和记录，着重于客观事实的静态描述。在做文创企业短期营销战略调整时，需要对近些年文创产品需求发展变化做出分析与预测。而长期的战略调整则依赖于对现实及未来相关情况的了解，需要对城乡居民的收支结构及变化情况、产品社会拥有率、饱和度和普及率，并且要对现有其他竞品的生产现状等情况做全面调查。此类调查基本上属于描述性调查。

（三）因果关系调查

因果关系调查是为了分析市场营销活动的不同要素之间的关系，查明导致某些现象产生的原因而进行的调查，文创企业在经营活动中，多种因素间存在着许多关联。有些是文创企业自身可控制的变量，如文创产品产量、价格、人员及费用开支等；有些则不同，其变化是受多种因素的影响，如销售额、产品、成本、企业利润等。通过因果关系调查，可以搞清某种变量的变化究竟受到哪些因素的影响，多种因素的变化对变量的影响程度如何，以及这些影响因素将会发生怎样的变化，等等。

二、文创产品调查计划的制订

文创产品调查主题与调查目的确定之后，市场营销调研人员就应当准备一份专门的调查计划。文创产品调查计划的内容包括资料来源、调查对象、调查方法等项目。

（一）确定文创产品调查资料来源

文创产品调查计划必须考虑资料来源的选择。调查资料按其来源分类，可分为第一手资料和第二手资料。第一手资料指为了调查目的采集的原始资料。大部分市场营销调研项目都需要采集第一手资料。采集第一手资料的费用一般比较高，但得到的资料通常与需要解决的问题关系更为密切，第一手资料常常来自实地考察和深度访谈等。第二手资料指为了调查目的而采集的已有资料。文创产品市场调查人员常常以查阅二手资料的方式开始调查工作。与收集第一手资料相比，收集第二手资料的费用通常要低得多。但文创产品市场调查通常以第一手资料为主，博物馆文创侧重文物、典籍、历史等资料的梳理；旅游景区侧重对地域文化、景观特色、民俗文化等资料梳理。

（二）确定文创产品市场调查对象

根据文创产品市场调查对象的范围大小，市场营销调研可以分为普遍调查和抽样调查两大类。

普遍调查可以获得全面的统计数字，但实施起来费时费力，成本太高，通常只是由政府机构为了某些特定的目的才采用，如人口普查、经济普查等，在文创产品市场营销调研中则极少使用普遍调查。抽样调查是对调查对象总体中的若干个体进行调查，文创产品市场营销调研通常采用抽样调查的方法。抽样调查的种类很多，一般可分为非随机抽样调查和随机抽样调查两大类。

非随机抽样调查的样本是由调查者凭经验主观选定，因而选取的样本能否代表调查的总体取决于调查者的经验与判断，容易受到调查者主观意识的影响，使得调查结果误差较大，不能正确地反映调查对象总体的实际情况。如果调查人员经验丰富，有时非随机抽样调查也不失为一种简便的抽样调查方法。

随机抽样调查是根据随机原则从调查总体中选取一部分调查对象作为调查样本，用样本数据推算总体的一种调查方法。根据随机原则抽样，可以排除抽样时主观意识的干扰，使总体中每一个个体被抽取的机会都是均等的，从而保证样本对总体的代表性。这样，就可以根据抽样调查的结果来推算总体的情况。由于随机抽样的特点和优越性，它在市场营销和设计调研中被广泛运用。例如，在针对武汉旅游纪念品市场调查中，我们从三个方面进行了调查：（1）对来武汉旅游的1000位外地国内旅游者进行抽样调查。（2）对武汉旅游商品的设计、生产、销售及研究人员进行了抽样调查。（3）设计了多套网络问卷对武汉旅游纪念品市场进行了自由调查。

根据抽样技术的差别，主要有随机抽样和非随机抽样。

1. 随机抽样

随机抽样即样本的确定不受人们主观意志所支配，而是采取一定的统计方法进行抽取，总体中的每一个个体被抽取的机会都是等同的。具体的随机抽样方法有以下几种。

（1）单纯随机抽样法。首先将总体中的每一个个体随意地标上不同编号，然后随机地抽取样本进行调查。

（2）系统抽样法。首先将个体按序（如按收入的高低等）编号，然后按等间隔抽取代表各种特征的样本，进行调查。

（3）分层随机抽样法。首先按照不同特征进行分类，然后随机分层抽样并调查。

（4）分群随机抽样法。首先将调查总体分成若干个区域（群），然后从中选择一个区域（群）或数个区域（群），在其中运用分层抽样或单纯随机抽样法进行调查。

2. 非随机抽样

非随机抽样法抽取的样本往往受调查者主观因素的影响，抽样方法主要有以下几种。

（1）便利抽样法。样本的选择完全按调查人员的方便而定。

（2）判断抽样法。调查者根据经验来确定调查对象。

（3）配额抽样法。调查者根据项目需要，确定各类调查对象的比重，然后按数额来进行抽样。

三、确定文创产品市场调查方法

在文创产品市场调查中，对数据资料的采集可以借助以下几种较为常用的调查方法：深度访谈法、人员直接观察法、问卷法。

（一）深度访谈法

深度访谈法又称临床式无结构访问，即由训练有素、沟通技能较强的文创市场调查员直接与被调查者进行面对面的询问及讨论，以了解调查对象对某些问题的情感、动机、态度、观点等。深度访谈法是定性研究中经常采用的资料收集方法之一，主要是利用访谈者与受访者之间的口语交流，达到意见的交换，但也要注意访谈技巧。

1. 深度访谈的优缺点

优点:(1)灵活,细致。由调查人员提出的多个可自由讨论的问题,便于对复杂的问题进行详细的讨论。(2)沟通性较强。一对一的良好的沟通气氛,可缓解因调查内容产生的紧张情绪,可以获得更深层次的洞察。(3)减少语意表达的失误,确保被访对象能明确无误地理解问题的含义。(4)调查人员易作可信度评估,辨别其回答的真实程度。

缺点:(1)受调查人员的素质影响,调查质量很大程度上依赖于调查人员的沟通能力和访谈技巧。(2)统计汇总和数据处理较困难,需要专业分析人员进一步归纳和判断。(3)耗时长、费用高,实地调研中深度访谈的样本量通常有限。

2. 深度访谈的调研流程

(1)确定访谈对象和准备记录工具;(2)准备背景资料和询问提纲;(3)自我介绍并说明访谈目的;(4)控制和引导被访对象;(5)整理和统计分析。调研完成后调查人员要及时整理调查笔记,检视、补记遗漏的项目。完成调查后,通过统计分析找到需求,以便进行下一步工作。

3. 深度访谈的操作技巧

注意访谈场所和仪表举止要求。尽可能选择环境比较和谐宁静的空间访谈。调查人员是公司形象的代表,在被访谈对象前应表现出良好的修养与个人素质。调查人员穿着力求清洁简朴,目光温和,平视对方,不可盯视对方或左顾右盼。语言表达要清晰、准确,提问简单明了。言谈友善谦和,耐心倾听并鼓励被访对象表述自己的观点。

(二)人员直接观察法

观察法是一种单向调查法,主要是由市场调查人员通过直接观察人们的行为,进行实地记录,从而获得所需资料。人员直接观察根据其具体操作方式,可分为单向观察、行动跟踪等形式,操作较为简便,但需要观察人员具有较强的洞察能力。如某具有台湾风情的特色景区,通过对观光人群的出行方式、购买行为、市场产品现状等进行直接观察,可对典型人群、产品现状等进行简单描述和分类,后续可结合其他调研方式得到更为全面和详尽的调查报告,以便后续的设计创作和营销。

1. 单向观察

单向观察是调查人员通过单向镜,了解特定场景下受众的言行和表情。其关键是必须始终使被调查对象处于不知觉的状态,以得到真实观察结果。

(1)文创产品调研。观察受众使用文创产品和服务的过程。观察受众使用文创产品的习惯,在使用过程中会出现哪些痛点,从而找到文创产品改良创新的机会。

(2)受众体验标准调研。观察受众的询问内容与顺序。调查人员用"蹲守"或角色扮演的方式,记录受众客群咨询哪些问题、询问这些问题的顺序等,从而分析出各种类型受众的产品体验。

2. 行动跟踪

调查人员在旅游景区和博物馆等,可通过游客的行动路线分析游客的兴趣点,重点关注游客停留时的接触点,进行针对性的文创设计。

(三)问卷法

问卷法是定量研究的常用方法之一,是调查者向调查对象了解情况或征询意见的调查方法。问卷包含一系列开放式和封闭式的问题,分别要求被调查者选择判断和写出相应的答案。

问卷的调查方法运用的技巧关键在于问卷的设计、调查对象的选择和环境控制三点。

首先,问卷设计需要把握调查对象的心理特征,遵循一定的心理顺序,以防受访者感到不舒服。其次,了解调查对象对问卷语境的理解能力,调查对象选择是否准确、问卷的问题设置是否能够洞察调查对象动机,调查人员应做好事前预判。最后,为适应不同受众和环境,应设置好问卷的层级和逻辑,避免调查对象过于单一,从而得到不同层次人群的需求数据。

问卷调查法的优势是成本低、数量大,能够较快地得到反馈。在互联网时代,在线问卷也提供了许多便利,受到的限制也会更少,而且网络和纸质有效问卷进行结合,可以对某一地区旅游纪念品市场多层次、多角度、多方位地进行了解。

四、实施文创市场调查计划

实施文创市场调查计划包括两个步骤：文创市场数据资料的收集以及文创数据资料的加工处理和分析。

（一）数据资料的收集

文创团队的领导者要时刻注意经常调查，防止调查中出现偏差，以确保调查计划的实施。比如，在进行观察法调查时，要防止调查人员出现遗漏信息等差错；在进行询问法调查时，要防止调查人员有意或无意地诱导调查对象做带有倾向性的、不诚实的回答，要协助解决可能发生的调查对象拒绝合作等问题；在进行实验法调查时，要正确控制实验条件，保证获得的实验结果的客观性和可靠性。

（二）数据资料的加工处理和分析

对收集到的数据资料必须经过科学的加工处理，才能做到去伪存真、去粗存精。数据资料的处理包括对调查资料的分类、综合与整理。

数据资料加工处理中的关键是保证信息的准确性与完整性。

调查资料经过加工处理后，就可以对它进行分析，以获得调查结论。依资料分析的性质不同，可以有定性分析与定量分析；依资料分析的方式不同，可以有经验分析与数学分析。当前的趋势是，越来越多的企业借助数学分析方法对调查资料进行定量分析。

利用先进的统计学方法和决策数学模型，辅之以经验分析与判断，可以较好地保证调查分析的科学性和正确性。

五、提出文创市场调查报告

在对文创市场调查资料分析处理的基础上，调查人员必须得出调查结论，并以调查报告的形式总结汇报文创市场调查结果。通过调查报告可以初步了解文创市场发展现状，从而根据市场提出设计策略和解决方案，调查报告对于决策人员、文创设计师、营销人员等都具有重要的参考价值。

第四节　文创品牌的诊断与实施

一个产品，首先需要的是一个好的牌子。一个企业，同样需要一个在市场上叫得响的品牌。因此，品牌的设计与策划是企业品牌战略的第一步。

一、文创产品受众行为分析

文创产品市场研究的重点是对受众行为进行分析与研究。营销的目标是提供文创产品使受众的需要得到满足。这就需要了解所面对的顾客的购买动机、需要和偏好，同时对顾客进行分析研究，这可以为开发新产品、价格、渠道、促销及其组合提供线索。受众行为分析主要包括：受众市场，受众购买行为模式及类型，影响受众购买行为的主要因素，受众购买决策过程等。

（一）文创产品受众行为分析的主要内容

从心理学角度分析人的动机、感觉、学习、态度和个性，帮助营销者了解购买者的购买心理活动及其对购买行为的影响。

（1）从社会角度研究分析社会阶层、家庭结构、相关群体等对于购买者行为的影响。

（2）从传播学角度研究分析购买者如何收集产品信息，收集信息的渠道以及他们对产品宣传的反应等。

（3）从经济学角度研究分析购买者经济状况如何影响购买者的产品选择、费用开支以及如何做出购买决策以获得最大的满足。

（4）从文化人类学角度研究分析人类的传统文化、价值观念、信仰和风俗习惯等对购买者行为的影响。

（二）文创产品市场及受众购买行为分析

文创产品市场也称文化受众最终市场。这个市场的顾客，是广大关注文化的受众，购买的目的是满足个人或家庭的文化生活需要，没有营利性动机。文创产品受众的特点，决定了受众市场的特征。

（1）市场广阔，购买人群常较为集中，如博物馆、旅游景点等。

（2）市场需求弹性较大。文创市场的产品种类繁多，常针对受众进行高、中、低档分层分析。

（3）专家购买。文创产品市场的购买者大多数具备一定的文化认知。

（4）购买时在乎情感和印象，因此他们的购买决定容易受文创宣传、文化情景空间和服务等的影响。

（5）除少数高档耐用文创产品外，一般不要求技术服务。

（三）文创产品受众购买行为模式

文创产品受众购买行为十分复杂，受众在购买文创产品或服务过程中会发生一系列行为反应。它是一个行为过程系统，此系统一般包括六个要素，即"5W1H"：谁买（Who）、买什么（What）、为什么买（Why）、什么时候买（When）、什么地点买（Where）、如何买（How）。

文创产品受众购买过程中所发生的一系列行为反应犹如一只"黑箱"，看不见、摸不清。外部刺激经过"黑箱"产生反应后，引起行为。因此，受众购买行为是"刺激—反应"的行为。

购买者外界的刺激包括两类：一类是营销刺激，主要是指企业营销活动的四种可控因素，即"4P"——产品、价格、分销和促销；另一类是其他刺激，主要指受众所处的环境因素，如政治、经济、文化、技术等的影响。这些刺激通过购买者的"黑箱"，即心理活动过程，产生一系列反应，就是购买行为，文创产品购买受文化的刺激影响较大。

刺激和反应之间的购买者"黑箱"包括两个部分：第一部分是购买者的特性。购买者特性主要包括影响购买者的社会、文化、个人和心理因素。这些因素会影响购买者对刺激的理解反应，不同特性的受众对同一种刺激会产生不同的理解和反应。第二部分是购买者的决策过程，具体包括确认需要、收集信息、比较挑选、决定购买、购后感受五个阶段。这会导致购买者的各种选择，并直接影响最后的结果。

（四）影响文创产品受众购买行为的因素

受众的购买行为取决于他们的需要和欲望，而人们的需要和欲望以及消费习惯和行为，是在多种因素的影响下形成的。这些因素主要包括受众个人的内在因素，如受众个体特征和心理因素；也包括外在因素，如文化因素、社会因素等。这些因素大多数是营销人员无法控制，但又必须要加以考虑的影响因素。

1. 个体特征

个体的某些特征会对购买行为产生影响，特别是购买者的年龄、经济能力、职业、生活方式和个性，这些特征值得企业加以重视。个体特征不同，购买方式、品类、动机也各不相同，如从年龄来看，儿童喜欢玩具、文具等商品，老人则注重养生；从职业来看，教师更关注具有文化内涵的产品，设计师喜欢具有设计感的商品；从经济能力来看，高收入群体消费能力强，喜欢艺术品位高、能够代表身份的产品，低收入群体则较关注实用性产品。文创产品设计师对受众个体进行分析，根据个体的行为特征，能够更准确地选择产品品类作为文创产品的载体。

2. 心理因素

西方心理学者曾提出一些不同的人类动机理论，对受众行为分析和市场营销的策略有一定的参考价值，其中最为流行的是人本主义哲学家马斯洛的"需求层次"理论。马斯洛按需要的重要程度排列，把人类的需要分为五个层次：生理需求、安全需求、社会需求、尊重需求和自我实现的需求。值得注意的是，由于文创产品的情感溢价，往往能够满足受众更高层次的需求。

（1）生理需求：包括饥饿、渴等衣、食、住、行方面的需求，是人最基本、最重要的需求。

（2）安全需求：主要是为保障人身安全和生活稳定，表现形式为医疗保健、卫生、保护需要。

（3）社会需求：包括感情、合群、爱和被爱等需求；希望被群体承认或接纳，能给别人和接受友谊等需要。

（4）尊重需求：自尊和被别人尊重的需要，包括威望、成就、名誉、地位和权力等需要。

（5）自我实现需求：这是最高层次的需求，它是指希望充分发挥个人的能力及获得成绩需要。

马斯洛的需求层次理论的核心是：人类具有不同层次需求和欲望，随时有待满足。

3. 文化因素

文化是影响人们需求与购买行为的最重要因素。文化是相对于经济、政治而言的人类全部精神活动及其产品。人们的行为大部分是经后天学习而形成的，在一定的文化环境中成长，自然形成了一定的观念和习惯。文化主要包括亚文化和社会阶层两方面的内容。

（1）亚文化。任何文化都包含着一些较小的亚文化群体，它们以特定的认同感和社会影响力将各成员联系在一起，使这一群体持有特定的价值观念、生活格调与行为方式。亚文化群体主要包括民族群体、宗教群体、种族群体和地理区域群体。

（2）社会阶层。每一类型的社会中都有各种不同的社会阶层。这些社会阶层有其相对的同质性和持久性，它们按等级排列，每一阶层的成员都具有类似的兴趣、价值观和行为方式。个人能够改变自己的社会阶层，既可以晋升到更高阶层，也可能下降到较低的阶层。

4. 社会因素

消费行为不但受广泛的文化因素的影响，同时也受社会因素的影响。

社会因素是指受众周围的人对他（她）所产生的影响，其中以受到相关群体、家庭、社会角色和地位的影响最为重要。

（1）相关群体。所谓相关群体，就是能直接或间接影响人们态度、行为和价值观的群体，即人们所属并且相互影响的群体。对受到相关群体影响比较大的产品和品牌的生产企业来说，重要的工作便是如何找出该群体的"意见领袖"。

（2）家庭。购买者的家庭成员对购买者的行为影响很大。每个人都会受双亲直接教导或潜移默化获得许多心智倾向和知识、价值观等。部分认知则是来自自己的配偶和子女。家庭组织是文创产品最重要的购买单位。

（3）角色和地位。角色是指一个人在不同场合中的身份。人在不同群体中的位置可用角色和地位来确定,这些都会影响其购买行为。

5. 文创产品受众购买行为的决策过程

文创产品受众购买行为决策过程是程序过程和心理过程的统一,受众购买行为的程序过程是受众外在购买行为的表现,购买行为的心理过程是受众内在的行为推动,两者共同体现在购买行为决策过程中。

(1)文创产品受众购买行为的程序过程。受众购买行为的程序过程是指受众购买行为中言行举止发展的顺序,它包括问题认识阶段、信息调研阶段、选择评价阶段、购买决策阶段和购后评价阶段。值得注意的是,消费者对于文化的考虑贯穿整个购买行为过程。

(2)文创产品受众购买行为的心理过程。文创产品受众购买行为的心理过程是指受众购买行为中心理活动的全部发展过程,是受众不同的心理现象对客观现实的动态反映。

这一过程与上述购买行为的程序过程平行发展,一般分为六个阶段,即认识阶段、知识阶段、评定阶段、信任阶段、行动阶段和体验阶段。这六个变化阶段,可以概括为三种心理过程,即认识过程、情绪过程和意志过程。

二、文创品牌的实施

(一)文创产品定位

文创产品定位是指文创产品在未来潜在顾客心目中占有的位置。文创设计定位是在文创产品设计过程中,运用商业化思维分析市场需求,为新的设计设定一个比较合适的方向,让产品在未来市场上具有足够的竞争力。这也是设计师在正式开始设计之前提出问题和分析问题的一个过程。设计定位的正确与否直接关系到设计的最终成败,产品设计定位要在市场调研和分析的基础上进行,如果没有明确的设计定位,设计师的思路就会任意发挥,从而会失去产品设计的方向和目标,使设计师无法解决产品设计中的关键问题。

文创产品设计定位是进行文创造型设计的前提和基础,在整个文创产品开发设计议程中起着引领方向和目标的作用,所以要先确定定位。但是,设计定位是一个理论上的总要求，主要是原则性、方向性的，甚至是抽象性的。在设计师创作之初，创意总是发散性的、灵活的、不确定的。因此，设计的定位点也就呈现出多种类、多样化的特点。

设计过程是一个思维跳跃和流动的动态过程，是一个反复的、螺旋上升的过程。所以，设计目标设定的本身就是一个不断追求最佳点的过程，也是设定产品开发的战略方针。

所谓最佳设计点，是在设计师与受众之间寻求的一种平衡，指既能满足受众需求，又能兼顾设计师的创意的结合点。追求设计目标的最佳点，应集多种条件和基本元素为基点，在这个基础上进行定性定量的分析，根据这些目标反推确立设计定位，这种过程是追求设计目标最佳定位的开发战略，设计定位的最终目的是确定一个合适的产品设计方向，也可以作为检验设计是否成功的标准。设计师在设计中常用的设计定位有如下几种。

1. 文创产品人群定位

在文创产品开发设计中，产品使用的目标人群是一个要首先确定的问题。这个产品为谁而设计？性别、年龄、收入等问题必须清晰，找对目标消费群对于确定产品的使用功能来说至关重要。一切的销售行为都针对目标消费群，一旦目标消费群出现错位，就会导致"事倍功半"的局面。

2. 文创产品价格定位

现在绝大部分受众对产品的消费都比较理智，他们希望能够买到"物有所值"的甚至"物超所值"的商品，而文创产品因其情感溢价所带来的附加价值比较多，价格定位也显得尤其重要。价格定位就是依据产品的价格特征，把产品价格确定在某一个区间，在顾客心目中建立一种价格类别的形象。因此，产品的定位不能单纯地划分为低档、中档、高档，而要做好充分的调研工作，全盘考虑。

3. 文创产品功能定位

所谓功能定位就是指在目标市场选择和市场定位的基础上，根据潜在的目标受众需求的特征，结合产品的特点，对拟设计的产品应具备的基本功能和辅助功能做出具体规定的过程。要避免设计"同质化"。凭借文创产品所具备的独特功能，抢占受众大脑里的"功能"专区，明确地告诉受众该款产品能干什么，在生活中能起到什么作用或怎样改变了人们的生活方式。

文创产品的功能定位并不是一个笼统的概念,而是要满足消费市场一个比较具体化的需要,具备实用价值的文创产品往往更受青睐。比如受众购买雨伞时,对产品的功能定位要根据人的需求情况,在诸如时尚、挡雨遮阳、轻便、牢固以及是否具有防止刮伤等安全功能上进行斟酌。不同受众对上述使用功能的消费有着不同的侧重点,从而形成不同的消费利益群体。针对各种特殊的不同利益群体,文创产品应最大限度地满足市场各类顾客利益的需要,从而赢得最大的市场销售份额。

4. 文创产品质量定位

质量定位也叫品质定位,是通过强调产品的良好品质而对产品进行定位,也就是通过受众对产品品质的认知来激发他们的需求与购买欲望,并在他们的心目中确立自身的位置。产品质量的定位在产品定位中占有十分重要的地位,因为受众在选购商品时,质量问题总是首要考虑的问题。质量不好的产品给受众带来的不仅是金钱上的损失,更是精神上的烦恼。在产品的质量上有些产品追求"精良",做工精细,适用于长期使用和收藏;而有些则主张"用后即弃",如一些不长期使用的产品,只需要在正常的使用过程中满足要求即可,没有必要在质量问题上过于纠结,一味追求过高的质量,反而会造成人力、物力资源的浪费,但也应注重其可持续性等。由于仿冒品、劣质产品较多,文创产品的质量问题是目前比较突出的问题。

(二)文创产品开发中的头脑风暴

头脑风暴法又称智力激励法,是在文创产品设计过程中进行设计激发最为常见的一种方式。它是指以会议的方式,一群人围绕某一特定的主题,通过集体讨论发言的形式互相交流,让设计者的思维互相撞击、互相启发、弥补知识漏洞、建立发散思维、引起创造性设想的连锁反应,从而获得众多解决问题的方法。

此法易于突破常规思维,最初是用在广告的创造性设计活动中,取得了显著的成效,被称为创造力开发史上的重大里程碑。这一方法,引起全世界的有关学者的兴趣,并掀起了开发创造力的热潮。目前,头脑风暴法作为一种创造性的思维方法，在预测、规划、社会问题处理、技术革新以及决策等许多领域中得到了广泛的应用，渐趋普及。

1. 文创产品开发中头脑风暴的原则

运用头脑风暴的思维方法，可以在短时间内集众人智慧，获得比较多新颖的点子，从而进一步得到解决问题的方法。头脑风暴法要取得成功，需要在探讨方式和心态上的转变，需要有非评价性的、无偏见的交流。具体而言，需要遵循以下几点原则。

（1）自由畅想原则。自由畅想原则提倡求新、求异、求奇。参加者不应该受任何条条框框和传统思维的限制，克服思维上的惯性，尽可能地放松思想，突破自己知识体系。在思考过程中要求从不同维度、不同层次、不同方位大胆地展开想象，提出独到的见解和想法。有些想法看似天马行空，但有时候通过整合或转化改良，正是这些超乎预计的想象带来新的设计方向。

（2）延迟评判原则。任何想法都是有价值的，在进行头脑风暴时，必须坚持不对任何设想做评价，提出的设想不分好坏，需要一律记录下来。充分肯定设计者的每一个想法，不进行任何消极的评价，避免打断创造性构思过程。评价和判断都要延迟到头脑风暴出点子阶段结束以后才能进行。这样做，一方面是可以防止约束和抑制参与者的积极思维，另一方面是可以集中精力先开发设想，产生更多的创意点，避免把应该在后阶段做的工作提前进行，阻碍创造性设想的大量产生。发言者习惯于用一些自谦或相互讽刺挖苦之词，这些自我批评和相互评判性质的说法往往会破坏头脑风暴的思维环境，影响到自由畅想。

（3）追求数量优先原则。头脑风暴的目标是在有限的时间里获得尽可能多的设想。设计者自己应提出更多的设想，同时结合他人的设想提出新设想，追求数量是头脑风暴的首要任务之一。这是因为只有足够数量的产生，才能保证一定的质量。国外的调查统计结果表明，在同时间内能比别人多提出 2 倍设想的人，最后产生的有实用价值的设想可以比别人高出 10 倍，参加会议的每个人都要抓紧时间多思考多提设想。至于设想的质量问题，自可留到会后的设想处理阶段去解决。在某种意义上，设想的质量和数量密切相关，产生的设想越多，其中的创造性设想就可能越多。

（4）相互综合完善原则。头脑风暴提出的设想应及时记录下来，不放过任何一个设想，以便在后续设计阶段提取和发散。头脑风暴集中提出设想的阶段结束后，大家一起协商并将所有人的想法进行资源整合。按如下程序系统化：①将所有提出的设想编制名称；②用专业术语说明每一个设想；③找出头脑风暴重复和互为补充的设想，并相互提出想法并完善；④分组编制相近或相同性质的设想；⑤将提出的设想进行分析整理，分别进行严格的审查和评议，从中筛选出有价值的设想。

2. 文创产品开发中头脑风暴的实施程序

头脑风暴是一种发散性的思维方式，但在文创产品开发中具体实施时，需要遵循一个非常完整的程序。从准备阶段，到想法的发现，都会有大量的点子产生，再到最后的综合完善，每一个阶段都非常重要。在实施头脑风暴程序时，应按照以下顺序进行"热身"准备阶段。人的大脑不是一下子就可以发动起来并迅速投入高度紧张的工作的，它需要一个逐步"升温"的过程。在头脑风暴开始之前，人们的注意力往往比较散漫，需要经过一个准备阶段进行调整，领导者可以带大家进行一些有助于热身和放松心身的小游戏，也可以通过讲幽默故事或适当提出一两个与会议主题关系不大的小问题的形式，将头脑风暴的环境调整到最佳状态。让大家心身得到放松非常关键，甚至直接影响到后续的思维激荡的发散效果，只有在非常惬意、自由的情况下，才能最大限度帮助设计者展开思路，促使设计者积极思考并畅所欲言地说出自己的意见。

（1）提出明确主题。确定欲解决的问题，若解决的问题涉及的面很广或包含的因素太多，就应该把问题分解为若干单一明确的子问题，一次头脑风暴最好只解决一个子问题，由领导者介绍问题，一起讨论问题的核心，可以在头脑风暴中进行有针对性的思维发散。领导者介绍问题应简明扼要，不给问题设限，留给设计者较为宽泛的思维空间，从而利于后期的思维碰撞的广度和深度。在提出问题时，应从多维度、多侧面剖析，从多方面提出问题，注意表达问题的技巧，领导者的发言应注重问题的启发性。

（2）畅所欲言阶段。畅所欲言是思维发散阶段，设计者团队各成员之间最好能够形成思维互补、情绪激励，充分利用联想、想象和夸张等思维方式，达到创造思维的最佳状态。

在畅想阶段，各成员之间不能相互攀谈，应该独立思考，不受他人思维的限制和影响。在方案讨论阶段，各成员之间应该畅所欲言，提出自己在畅想阶段的大量设想，领导者也应适时引导和组织，但不加以限制。

（3）方案完善确定。在畅想阶段所得到的往往是没有经过深入思考的一些想法，也没有经过一些维度的限制和评价。在方案完善确定阶段，可根据已有的想法，相互提出之前可能没有想到的设想，进一步地增加更多的想法，然后再进行评价筛选。在筛选时可将设想进行分类，如将明显可行的好点子归为一类，明显不可行的、脱离了维度限制的归为一类，经过群体智慧的讨论决定取舍。最后，按照综合要素评价选择最优的几个方案进行进一步讨论和完善，从而得到最佳方案。

头脑风暴可根据实际情况进行程序的调整，比如有时因为时间等因素需要维度限制，但最终目的是为了最大限度地获得更多的想法。有时一次头脑风暴并不能得到自己满意或数量足够的方案，可根据实际情况进行多次头脑风暴，但头脑风暴时间间隔不应过短。

一个设计比较理想的品牌，在以后的发展过程中，一般不会遇到严重的障碍。在品牌的使用范围上，较好的品牌可以跨越行业的限制，如可口可乐既可以用于饮料，也可以用于食品，同时它也能进行文化创意产品的开发设计。

品牌的策划，是确保品牌推广的过程完整性与方法正确性的计划。美国营销广告界把策划方案所涉及的主要项目概括为"5M"：推广的目的（Mission）、推广的投资（Money）、传递确认信息（Message）、使用媒介确认（Media）、如何评价结果（Measuremene）。策划这些项目必须体现出以下作用。

（1）针对性。策划品牌的对象各不相同，其所存在的问题也千差万别，因而要达到的推广目的也就不尽相同。因此，针对性是保证品牌策划具有个性特色的重要原则。

在为品牌策划广告时，许多企业都表现出一种倾向：广告诉求对象最好面面俱到，口号最好老少咸宜，推广的产品必须能满足所有人的需要并得到全部受众的认同。这种贪得无厌的心理恰恰使品牌丧失了个性，而一个"四不像"的品牌是很难在市场竞争中立足的。因此，品牌策划必须具有针对性，有的放矢。通过对策划对象做大量细致的调查研究找出存在的具体问题和发展的有利时机，而后再确立与之适应、行之有效的推广理念和策略，最终体现品牌的策划作用，产生真正的推广效应。

（2）目标性。首先明确品牌推广活动要达到的目的是推广和提高知名度，创造名牌企业，追求社会效益？还是为了配合营销策略，抢占市场或促进产品的销售？一般来说，策划的整体广告是以追求经济效益和社会效益相统一为目标的推广活动，策划的目标明确性是保证广告顺利实施的关键所在，也是制定广告效果的基本依据。

（3）系统性。品牌策划是对广告活动的运筹规划，因此具有系统性的特点。这种系统性表现在对策划对象的各方面对应环节进行权衡，客观地估计自己所处的环境。要"度"策划对象在同行业中的地位和实力，要"量"策划对象在市场中的位置和份额，要"数"能够运用的广告资金，然后才能在竞争激烈、变幻莫测的市场竞争中保持清醒的头脑，采取正确对策。

策划的系统性还体现在推广活动的各个环节都须保持统一性。如广告目标的统一性，广告策略、广告媒体、表现形式的统一性，等等。这种系统性的广告策划能使推广活动避免无序，并累积广告效果，从而最大限度地实现推品牌的目的。

（4）可操作性。这是指品牌策划的推广形式是否切实可行。

一般有三种方法：预演法、模拟法和分析法。设计可操作性的方案应该体现出品牌推广的具体条件和投入与产出的对比效应。推测广告方案效果，可用预演法在小范围内进行收看或阅读调查，以此了解广告效果，分析其是否达到预期。也可用模拟法在头脑中把策划方案像电影一样放映一遍，寻找出不合理、不可行的地方予以改进，使方案具有更多的可行性条件。还可用分析法来把握广告各环节之间的关联，提示其中的内在隐秘，以此得出缜密细致的可行性方案。

第五节 案例分析——湖南茶颜悦色的文创设计

一、整体创意说明

茶颜悦色是来自湖南长沙本土的一个奶茶品牌,因其产品口感独特,广受人们的喜欢。现在在长沙有数百家门店,还在武汉等城市开有分店。在长沙游玩时,每走几百米就会发现一家茶颜悦色的门店。特别是在长沙的市中心的"游园会",它是茶颜悦色文创周边产品最大的销售门店,里面有各种茶颜悦色的周边,如抱枕、水杯、钥匙扣,当然还会有茶包,这里的每一款产品都是经过精心设计的。茶颜悦色在做奶茶的同时,也开发出丰富多样的文创产品。

人们来湖南长沙游玩时,会想带一些伴手礼回家给自己的亲朋好友;离开湖南去外地工作学习的人难免会想家,如果能够带上一些湖南本地的特产,在想家的时候会多一分慰藉;没有来过湖南的人,也能够通过带有湖南特色的文创产品对湖南产生更大的兴趣。这次的包装以湖南比较著名的湘西古城、长沙梅溪湖艺术中心、郴州小东江、岳阳楼作为主图形来进行设计,同时加上湖南的方言,来加深人们对湖南的印象(图 2-5-1)。

图 2-5-1 茶颜悦色文创设计图

二、前期思维导图

如图 2-5-2 所示,在进行文创设计之前可用思维导图梳理设计思路。茶颜悦色作为一个湖南长沙本土的奶茶品牌,以其独特的奶茶口味出名,让人联想到零食、小吃。茶颜悦色奶茶上面的奶油受到大众的喜爱,有人在喝的时候甚至要加上双倍奶油,由此由茶颜悦色想到奶茶、奶油。在茶颜悦色,如果遇上下雨天,第二杯奶茶是半价的,因为很多人不喜欢雨天,下雨天第二杯半价作为一种营销手段,也增加了人们对茶颜悦色的印象。茶颜悦色来自于湖南长沙,而长沙有许多有名的地方,如有许多人打卡拍照的橘子洲头、岳麓山等,同时湖南也是一代伟人毛泽东主席的故乡,而由"伟人"会联想到艺术界的伟人——抽象派画家毕加索,因此在此次的包装设计中,参考了毕加索的画作风格,利用几何图形来概括画面。同时因茶颜悦色来自于湖南,所以在设计中添加了湖南的方言,以此来增加趣味性。

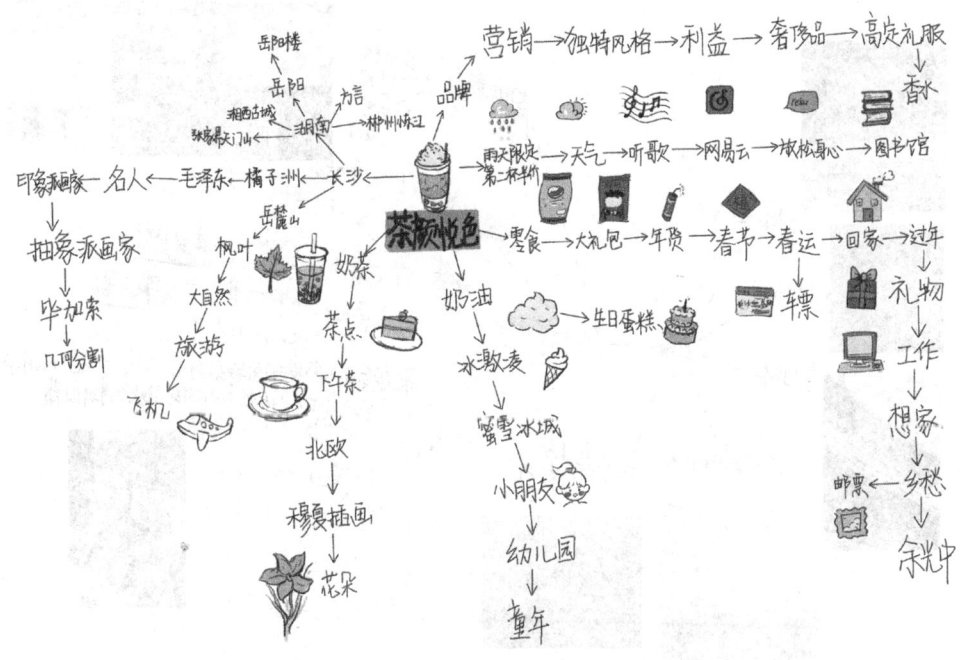

图 2-5-2 茶颜悦色文创设计思维导图

三、草图设计

茶颜悦色作为湖南的一个奶茶品牌,若要增加影响力,让没有来过湖南的人认识茶颜悦色,或者来湖南旅游的人选择茶颜悦色的文创产品作为带给亲朋好友的特产,就要以湖南的特色作为设计元素,所以主图采用了湖南的湘西古城、岳阳楼、长沙梅溪湖艺术中心以及郴州小东江的形象,整个画面参考毕加索抽象派画作的风格,采用几何分割来对画面进行设计(图2-5-3)。因为茶颜悦色是地方品牌,方言也是地方的特色,为了慰藉离湘在外的湖南人的思乡之情,为了增加想了解湖南的外乡人对湖南的兴趣,因此主题采用"弗兰里、淡湘愁"。又在其他几个包装设计上加上了湖南方言,如"嗦粉去咯""师傅踩一jio""恰饭克咯""克岳阳楼"等,以增加趣味性。颜色则采用黄绿色调,配上桃红和淡紫加以修饰。(图2-5-4至图2-5-8)。

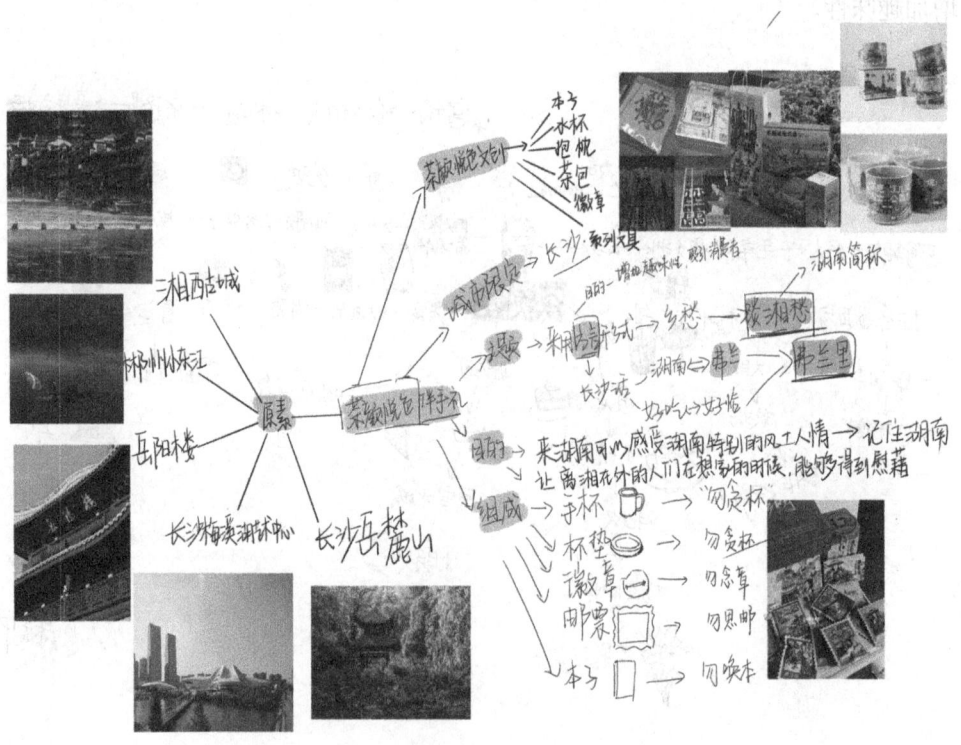

图 2-5-3 草图设计思路

第二章　文创品牌策划

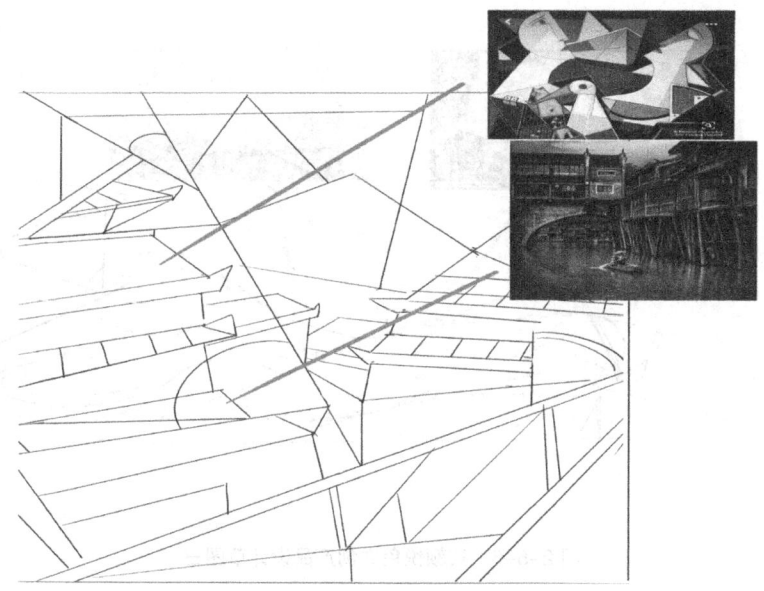

图 2-5-4　茶颜悦色文创产品设计草图一

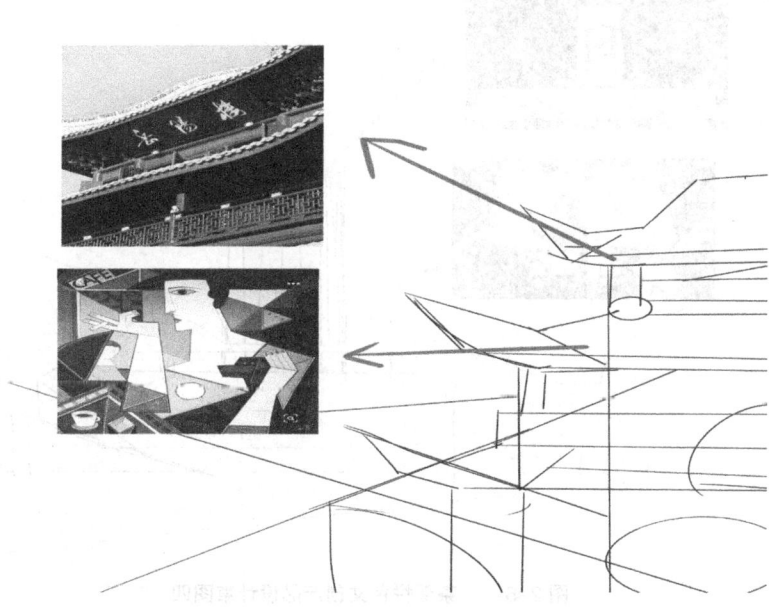

图 2-5-5　茶颜悦色文创产品设计草图二

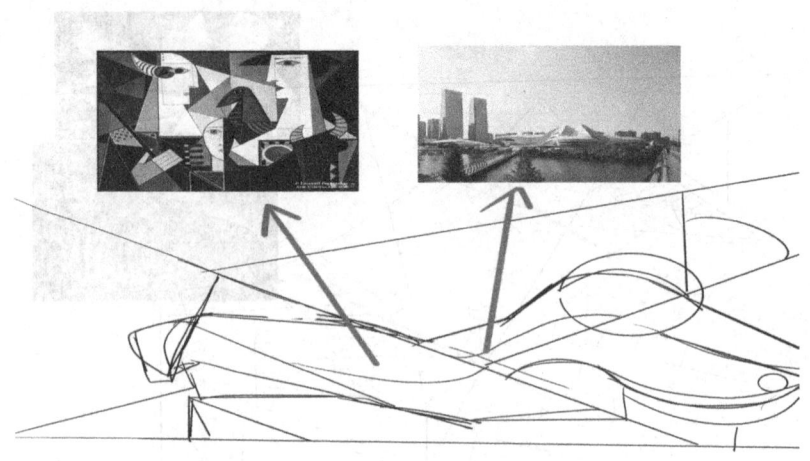

图 2-5-6　茶颜悦色文创产品设计草图三

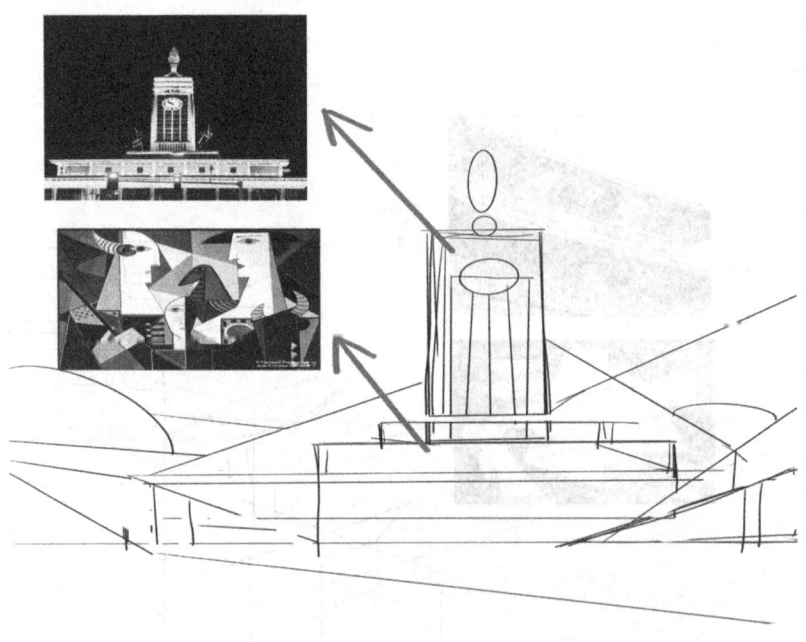

图 2-5-7　茶颜悦色文创产品设计草图四

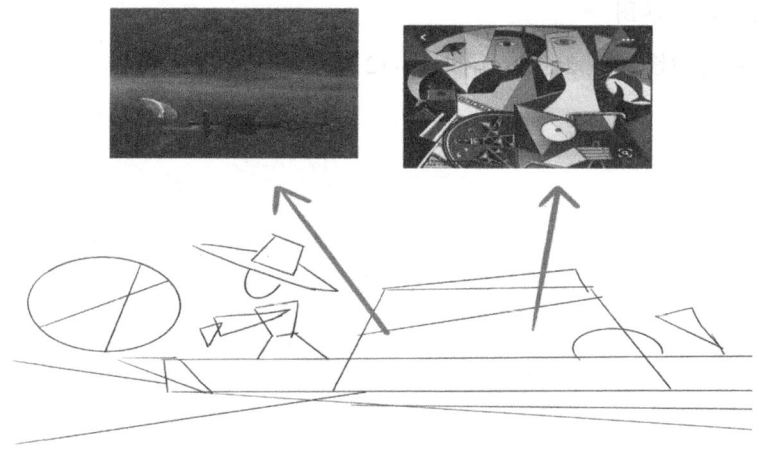

图 2-5-8 茶颜悦色文创产品设计草图五

四、成品展示

(一)产品包装设计效果

1. 包装设计成稿

包装设计成稿图如图 2-5-9 所示。

图 2-5-9 包装设计成稿图

2. 包装设计草图

包装设计草图如图 2-5-10 至图 2-5-12 所示。

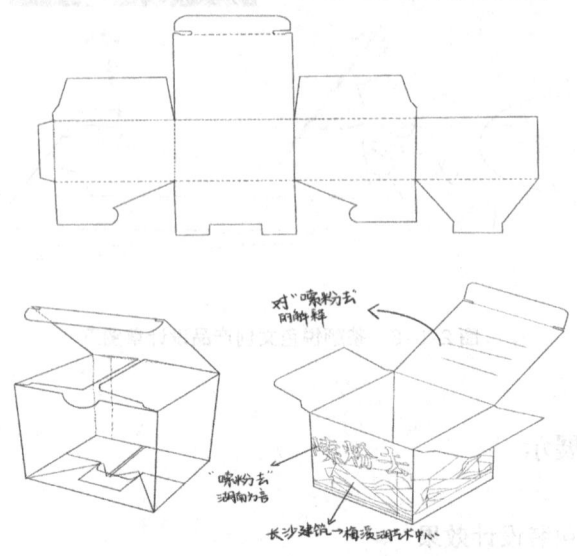

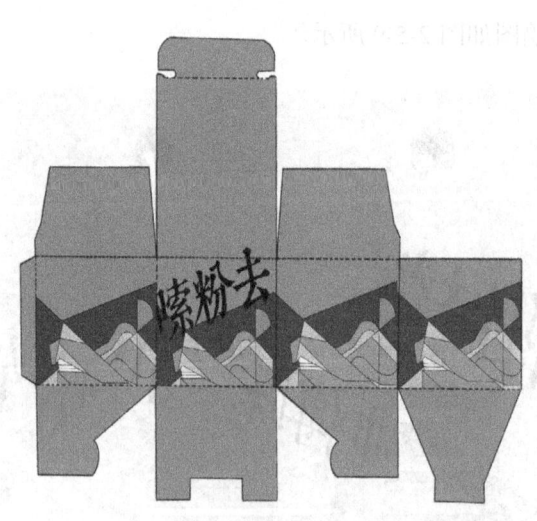

图 2-5-10 包装设计草图一

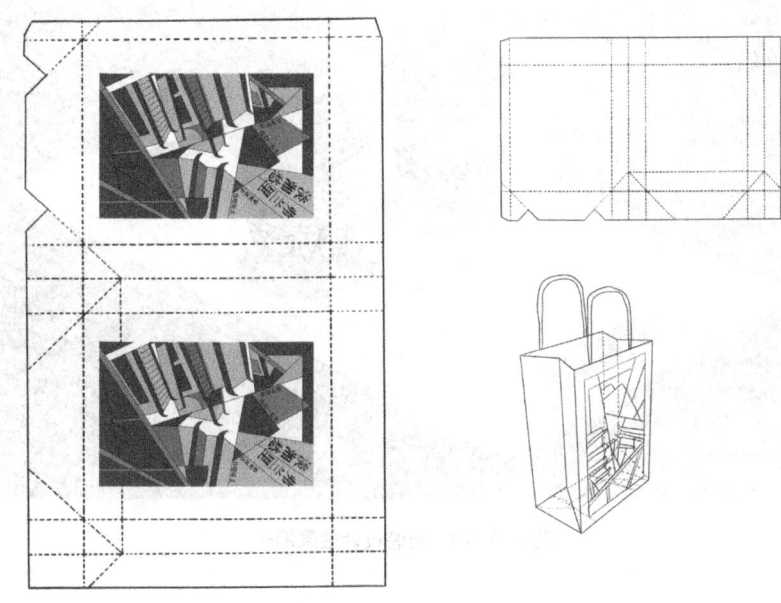

图 2-5-11　包装设计草图二

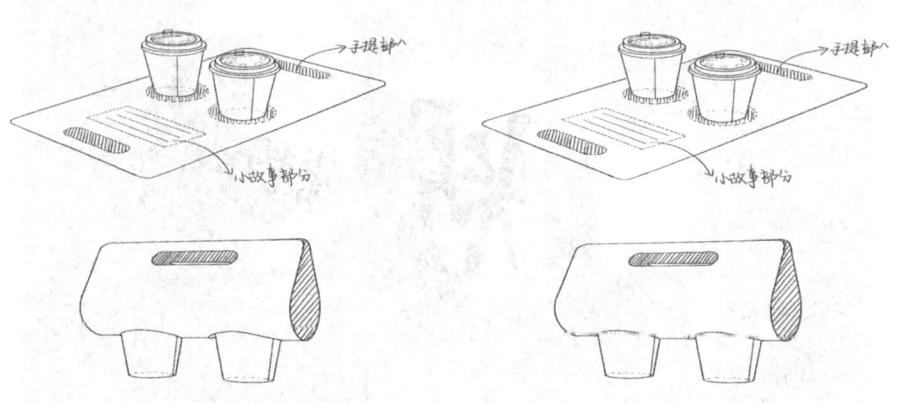

图 2-5-12　包装设计草图三

3. 包装设计效果图

包装设计效果图如图 2-5-13 至 2-5-17 所示。

图 2-5-13　包装设计效果图一

图 2-5-14　包装设计效果图二

图 2-5-15　包装设计效果图三

图 2-5-16　包装设计效果图四

◎ 文创品牌策划与设计新思维

图 2-5-17　包装设计效果图五

（二）品牌文创设计效果

文创设计效果图如图 2-5-18 至图 2-5-21 所示。

图 2-5-18　文创设计效果图一

| 68

第二章 文创品牌策划

图 2-5-19　文创设计效果图二

图 2-5-20　文创设计效果图三

○ 文创品牌策划与设计新思维

图 2-5-21　文创设计效果图四

第三章 文创品牌视觉的创新思维

视觉效果是文创品牌设计与创新的重要方面,所以本章将从文创品牌的视觉形象、文创品牌形象视觉设计观念、文创品牌形象的系统设计、品牌形象设计的延伸性四个方面对文创品牌视觉的创新思维进行详细论述。

第一节 文创品牌的视觉形象

一、品牌形象的概念

一位著名广告人曾提出,品牌是一种错综复杂的象征,它是品牌属性、名称、包装、价格、声誉、广告风格的无形组合,品牌也因消费者对其使用印象及自身经验而有所界定。可见品牌与形象不可分离,形象是品牌表现的特征,反映了品牌的实力和本质。

品牌形象的界定,从视觉形象设计的角度可划分为两类:显性形象与隐性形象。显性形象是指可以通过视觉、听觉、触觉得到的,包括品牌的名称、品牌标识、品牌形态、品牌包装、广告语以及品牌的展示环境等。隐性形象一般指人们的情感,它展示出人们因身份、地位、心理等的差异产生的个性化需求。这种需求更多的是表现出品牌的精神文化,体现其深刻独特的品牌魅力。将品牌的显性形象与隐性形象两部分加以结合,利用大众媒介整合手段,以最经济的方法达到推广传播目的,这种再创造就是品牌塑造的根基,必须充分重视。如IBM、联想、苹果电脑的品牌形象的塑造。

二、品牌形象的表达

品牌形象的表达，不仅包括品牌的名称、标识、包装广告等显性形象的设计，更是设计一种具有丰富内涵的视觉产品，由设计注入品质、销售、服务、消费等品牌理念，形成统一规范的视觉信息传达系统，完成与消费者的沟通并获取好感和记忆。品牌的背后必定有相对应的组织和产品，因而品牌形象的设计包含着策划与设计同步操作的形式和计划。

这种计划性需要预期做出策划，其表达方式是品牌形象设计的策划提案。而作为一个经济学的概念，无论是商业品牌还是社会品牌，其形象设计的独特性、目标性与现代"品牌信息传播"的作用一致，即"以人为本"观念的可视化，这也是设计的根本和出发点。人在感知到品牌的特定符号时，才会产生相关的"品牌联想"，但由于人的认知程度不同，其所产生的联想也就不同。因此，虽然品牌推广是广而告之的形象设计，但设计所产生的视觉效果，需要很有趣味才能吸引人。设计必须围绕着预先设定的、最终想要表达的品牌意义和视觉效果来进行，明确怎样的受众用怎样的形象才可以传达怎样的品牌信息。这就是品牌形象设计的意义，它涵盖了品牌所有的特征和理想，塑造具有良好的视觉沟通和交流的形象。因而品牌的形象表达必须贯彻以下三个原则：

（1）形象塑造的理念与个性。品牌的定位反映品牌的理念，而理念引导形象塑造个性的特征，吸引消费者。凡是成功的品牌都有准确的定位和理念，如海尔品牌以高质高价的定位彰显"真诚到永远"，金利来以"男人的世界"来体现品牌形象的个性特征，等等。因此在品牌形象的设计上重要的是表达品牌理念确立的品牌定位，为其创造有感染力的视觉符号，以引导所有的营销要素去推广和强化品牌的理念，推动市场发生变化。

（2）视觉传达的统一与稳定。品牌的视觉形象必须是统一的，且要求稳定不随意变动，这是品牌吸引消费者的重要条件之一。其设计要求：一是文字统一，形成稳定的文字形象，如2008年北京奥运会"中国印"标志的字体形象设计。二是图形统一，不能随意更换图形，如"中国联通"的标志图形设计。三是色彩统一，既要有象征性，又要有品牌的特征和生命力，如国外品牌麦当劳的黄色和

IBM 的蓝色。四是文字、图形与颜色要有机结合，形成视觉传达的系统，使品牌具有立体、鲜明的视觉特点，简洁、易记的系统视觉效应，以及良好情结联想的形象效果。

（3）表现形式的创新与文化。品牌形象创新是品牌的生命力和价值所在，是获得受众心理效应的重要方式，它包括新品牌形象设计与品牌形象再设计。而文化的传播和取向，就是品牌形象创新的重心所在。文化是唤起人们心理认同的重要因素，必然成为一种象征深入消费者心中和记忆里。未来品牌的竞争能力，就体现在品牌形象的文化认知融合力：一是品牌与社会文化的价值如真、善、美的融合；二是品牌与消费文化的心理取向的融合，如海尔形象应用无菌、保鲜的理念所产生的积极的、健康的受众心理效应，使其品牌形象不断创新。

三、品牌形象设计的策划性

品牌形象的设计如同艺术形象的创造，是企业和消费者想要看到的、感受到的，是他们对品牌静态的认知和评价。但品牌形象是消费者在商品使用过程中所形成的对某一品牌的特定认知，会影响消费者的购买倾向。因此为了让消费者直接透过产品本身，了解企业所要展现的文化和品牌所具有的核心价值，设计就应按照确定的价值理念来选择进行系统标志、包装、广告和推广展示及塑造品牌形象的工具、方法与途径，形成培养和创造一个品牌的动态过程。这个过程实现人与人之间的视觉信息交流，它以人为起点，通过视觉媒介将品牌信息传达给被传达的人。同其他的传达方式一样，品牌形象信息传达的目标也不是完成简单的视觉信息传递，而是要给人以生理和心理上的感染和满足，实现视觉的沟通。要实现这样的目标，就必须预先做出设计策划，使品牌信息的形象元素表意清晰，具有很强的可读性。这样受众才有可能理解和接受，并能够对其做出积极的回应，实现品牌信息的互动理解和交流。

同时，品牌形象设计是通过对所创建的品牌与相竞争的品牌之间的否定、差异和距离的调研，来引导目标消费群体的选择，并通过对消费者的心理市场进行规划和激发购买的策划过程来构建的。品牌形象设计过程并非是一个无中生有的过程，而是把人们对品牌的模糊认知清晰化的过程，最终呈现出一个可识别的视觉形象。因而设计行为更注重的是意识形态和对心理的透视，为品牌设计出目标形象，并使其成为品牌有形的灵魂。

一个理想的品牌形象能为品牌树立强大的生命力。因此，品牌形象的设计必须具有策划性，通过创设特殊视觉符号来传达品牌的经营理念和目标。独特的形象设计系统，是品牌内在本质的表现，也是最具感染力、传播力的视觉传达形式。同时，品牌形象的视觉符号是非语言的信息传达，有着比语言更迅速、准确的特征，心理实验证明：人们接收的信息，80%来自视觉，从色彩到图形，直接作用于人的生理感官。心理学认为：人的记忆具有连贯性，往往能够感知以前所见事物，感知认知事物的个性和特征，有名的品牌之所以在人们的心中产生影响，不仅因为品质的优良，还因为其具有引人注意的独特形象，从而引导顾客购买。因此，对于一个品牌来说，独特的形象系统是吸引客户的必要手段，但随着时代的变迁、人们审美趣味的提高，人们的审美需求也在改变，因而品牌形象的设计方式要有更新的追求，设计需要既有系统性，又有延伸性、多元化的体现。怎样在品牌传播效益累积的前提下，处理好系统性和延伸性之间的平衡关系，就是品牌形象设计的策划意义所在。如可口可乐的圣诞形象系列。

四、品牌形象的设计现状

一个成功品牌不可缺少的就是品牌形象的设计。品牌形象设计是客户最先认知的形象，成功的国际品牌如美国可口可乐、日本佳能、中国2008年北京奥运会系列吉祥物、哥本哈根气候大会的标志等，它们之所以能在竞争中脱颖而出并立于不败之地，是因为都有完善的识别系统与科学有效的视觉传播。近年来，国内很多企业都开始了对品牌形象设计系统的应用，从最初的健力宝、太阳神，到后来的康佳、创维、海尔，也都在实践中取得了或多或少的效益。但是伴随着品牌形象设计的兴起，也出现了一种固化、僵化、模式化的情形，在一定程度上阻碍了品牌发展的动力，导致缺少时代认同感。

随着信息时代传媒技术发展，品牌形象的设计同样也受到高科技发展和后现代主义设计理念的影响，处于一场渐进变革之中，出现了新的发展趋势。设计风格也由简单到复杂，由理性到感性，展现出人性化的回归。由于多媒体、高科技的参与和受众心理的变化，品牌形象设计的表现形式不再是单个图形，而是以一个品牌标识图形和其他元素相结合为主的整体形态，或者是以相同的色彩、不同变化的图形为一体的形象，来承担品牌形象或企业形象的代言任务。

这为品牌形象的树立和传播提供了一个更宽阔、更立体的空间。随着传播媒介发生改变，品牌形象设计开始朝着动态形象演变。

传统品牌形象设计中，主要是以品牌标识设计为中心来实现品牌效应，品牌标识在视觉系统构架中所起到的作用不可动摇。而其他相关要素如标准字体、辅助图形、组合方式和色彩等都是为了标识服务。品牌标识与其他视觉设计要素之间也因之而产生一种静态的、主次性的关系。这种以突出品牌意义的主题形象组合性设计有优点也存在一定缺陷。虽然它能很明确地突出品牌主体视觉形象，但从另一角度讲，这种程式化了的组合关系限制了视觉设计中各个要素的能动性，造成了对视觉资源的一种浪费。

在当代品牌形象设计中，已经有设计的品牌标识与其他视觉设计要素之间显出融合发展的趋势。这种趋势为品牌形象设计的发展提供了重要依据。如品牌标识和辅助图形之间从单纯的主次关系开始逐渐融合，出现同等的、动态的关系，两者相互补充、互为拓展，在不同环境与空间中展现不一样的视觉传达形式。同时，由于多媒体技术的发展，品牌形象设计已不仅限于静态的二维空间展现，又综合了网页等多种媒体条件下的动态效果展现，品牌形象的推广宣传方式已趋向延伸性、多元化。新兴媒介网络的出现，为品牌形象设计提供了更为广泛的发展空间。网络综合了文字、图片、音频、动画、影像等多种表达方式，增强了时间性和交互性，对品牌形象的设计产生了极其深刻的影响，大大拓展了视觉文化的内涵与外延。

例如，从 2010 年始，谷歌品牌的换标活动变得越来越频繁，其图形变换形式也越发丰富，甚至出现了特效标志。谷歌从成立到现在一直都定位于互联网最大的搜索引擎，登录其界面常常会带给网友们一种新鲜的感觉。由于它的品牌标志变化丰富，使客户感受到一种新鲜的趣味性。从全球重大节日到名人的诞辰周年、艺术界文艺界重要事件，每一次谷歌换标的举动都尽显人文关怀，让受众倍感亲切，如谷歌在 12 周年时的特效形象设计。此外还有哥本哈根气候大会标志，用计算机编写的程序软件，由直线特效和力场规则自动生成动态的形象。

五、品牌形象设计的市场竞争

现代市场中国际品牌竞争日趋激烈，越来越多的传播媒介在我们生活中出现，品牌的形象设计要根据传播媒介改变，为受众展现新鲜、个性的品牌形象。品牌形象根据消费观念和审美需求的变化进行定位，以此确立目标人群、推广方式和营销方式等。社会是变化的、进步的，人们的审美需求及受众消费心理也发生着改变，有竞争才会有机会，有改变才会有发展。

全球最大的搜索引擎谷歌，随不同的节日或纪念日，视觉形象不断地在网上变化，这也体现出了网络媒体的传播优势。对传统媒体而言，这种频繁改变标志的延伸形象是不可想象的。谷歌自创立以来随着时代变化其标志形象也在不断发生变化，这种变化形式的出现体现了品牌在形象设计这一领域的开放性，这种开放性能够让用户在体验的同时也得到它的趣味性。灵活变化的标志、特定的色彩或色块组合、标志形态的延伸，同样代表着品牌的形象，而且传播的力度更强、范围更广、含义更深。

在英中艺术设计节上，多形态的品牌形象设计让我们耳目一新。如斯巴迪克设计总监刘义的作品，思路是将英国国旗"米"字形和中国书法"米"字格相结合，表达出文化交流、碰撞所产生的能量。他提取主标"三角图形"，分别根据不同主题的研讨会或活动作延展思路组合。

由于科学技术与艺术设计相结合，形成了今天品牌形象多姿多彩、多元化设计的发展趋势，而品牌形象的设计观念也正在发生改变。

第二节 文创品牌形象视觉设计观念

品牌形象的设计从广义上理解是品牌信息的设计，包含有品牌信息的生成、形象的转换和理念内涵的传播。这种品牌所指的信息形象的生成、转换和传播，始终贯穿在品牌形象的设计考量中，从而形成了以品牌信息传达为主线的形象设计观念。

一、品牌形象的信息传达

21世纪是信息时代、读图时代，是一个历史上从未出现过的以图像传播为主体的时代。随着计算机技术和网络的发展，品牌信息流量、品牌信息传播、品牌信息处理及品牌信息应用技术得到了空前的发展，呈现出一种以机械复制为手段、以光电为媒介、以影像为形态、以仿像为特征的品牌形象的设计方式，并形成了一种多学科参与的品牌视觉文化现象。现实生活中大量的品牌信息通过图像复制技术充斥着我们的世界。品牌的网络营销、网上搜索、网上购物、网络办公形式的出现，使得品牌信息的获取变得轻而易举，这种社会的信息化不可避免地影响了人们的生活方式和思维方式。同时，繁杂、过量的信息无疑也给消费者接受与选择信息带来障碍和困扰，因此品牌形象信息的设计观念伴随着时代的进步应运而生。

品牌信息以视觉形象为载体，传递和反映品牌的定位本质、价值特点、推广方式。品牌形象主要通过标识、包装和推广的可视化形象载体，如名称、标识图形与色彩、包装形式与广告来表达信息进行传播。品牌信息处理主要包括符号包装、环境识别、广告创意的系统化设计。品牌信息是无形的，但通过设计能变为有形，品牌信息的载体也由理念文本型转化为创意视觉设计型，品牌信息通过视觉形象设计可以实现以简洁、清晰、准确、易懂的视觉形式进行传达，使视觉传达成为品牌信息传播的最重要的方式。于是，品牌信息具有客观性与普遍性、可转换性、可传递性、共享性和时效性等特点，这些特点也是品牌形象进行系统设计的重要依据。

因此，"品牌形象信息传达"有别于单纯的"商品形象的表现"，即品牌形象设计的"品牌信息"不等同于"商品的信息"，而是品牌的意象和推广的信息表现。就创造性思维和技能而言，其核心就是品牌形象的个性化塑造与系统化设计的观念与技能。

二、品牌形象的设计方式

品牌形象的设计是指以表达品牌信息为视点，以符号化的信息量和推广形象的信息传达为主导的设计，是一个以品牌信息视觉化为主体的系统设计概念。品牌形象设计的范畴随着时代的发展日益宽泛，从最初品牌形象的标识设计到品牌推广的视觉传达，再延展到广告多媒体的设计领域，使品牌形象呈现出多样、多层次的系统设计方式。当品牌形象设计内容在数量上增多，以及品牌信息传达之间的关系趋于多样性和复杂性时，便形成了不同类型的表达与传播方式，对品牌核心价值信息的认识有助于加深对品牌形象设计的内涵及其特征的理解。

这种品牌形象的设计在信息传播领域称为知识可视化，就是指利用品牌的核心价值理念的可视化创意形象进行的知识传播。品牌的知识可视化，是以图形图像为视觉表征来构建的，传达和表现复杂的品牌内涵。知识可视化除了传递事实信息外，还在于传播见解、经验、态度、价值观、愿望、意见和预测等。形象化的传播方式有利于帮助人们正确地重构、认知、记忆和应用品牌知识。知识可视化还是连接认知心理学和人工智能之间的桥梁，为知识的表征作用于人脑提供了可靠的依据。从表面来看，知识可视化设计只是知识的一种图解方式，但从深层考量，其有着多学科理论的强力支撑。因此，品牌形象的设计既是一个综合的设计概念，也是一种有意识的品牌信息的控制活动，设计通过品牌理念的表述、构形、识别、包装和推广的全过程，可以有效地提高品牌形象的传播速度和品牌信息的有效识别率，完成对品牌的推广。

品牌形象设计是设计者、设计物和受众三方面的关系，这三方之间共同愿望的创意行为，是一种主体之间的交互设计方式。"间"的存在意味着设计的三要素各主体之间的区别、差异和个性，设计要思考同时把具有差异和个性的主体联系起来，而不是从属、消解或取消各要素的主体属性。设计的实质就是调整和创新主体之间的关系属性。这种关系属性是对设计物形态属性的一种理解、预期与共享，是构成品牌形象信息交流的目的。即是说设计并不是设计师随意创造的，而是设计者、设计物和受众互为沟通信息的视觉形式，沟通才能使设计与受众达成"通而会心，感而知意"的品牌审美体验。于是，构建一种品牌形象"信息传达"的设计方式，提出主体间对应性的设计观念，是针对不同信息交流的形式特征，总结出对应的品牌形象设计方法，始终将品牌形象的设计目标与品牌信息视觉品质紧密联系，使设计者与设计物、受众三者不再是客体，而是成为互为主体同对应性的创意设计关系。

三、品牌形象的设计类型

品牌形象设计在不同的学科领域和角度有不同的分类方法。从信息传达的角度，信息的生成、转换与传播皆是以人为本的方式进行的，而品牌形象的视觉信息是社会发展的产物，呈现的是人与社会、人与商品、人与人的视觉信息交流特征。因此，从这个意义上，品牌形象设计可分为三种类型：一是以人与社会交流为目标的品牌标识形象设计；二是以人与商品交流为目标的品牌包装形象设计；三是以人与人交流为目标的品牌推广形象设计。这样的划分使品牌形象设计有明晰的脉络，而不同的设计类型根据其特点和性质所表现出的创意设计重点也不尽相同，这正体现了主体间对应性设计观的应用价值，而品牌形象设计的信息传达，往往需要掌握品牌形象的特定概念与视觉表现语言的对应关系，针对不同的信息诉求和受众心理的接受度进行，这在设计教学的创新上体现得更为明显。

品牌标识形象设计包括品牌名称、品牌标志、品牌专用字体、品牌专用色彩、品牌专用图案、品牌专用广告语与相关规范的组合形式、使用要求和应用范围的设计等。其中品牌标志是体现品牌的核心价值的重要元素，要求设计具有鲜明的个性和独特的应用性，并形成一个强势、清晰、丰富的品牌识别形象系统。

品牌包装形象设计，在广义上，不仅指对产品的商标、形态等基本的包装形式设计，还包括对与消费者接触的各类场所与环境的包装形式设计，以及对各种媒介进行塑造和推广的形象展示设计，包括品牌吉祥物、产品展示、销售空间的识别和宣传形象设计，即对一切通过视觉、听觉、触觉等可感的外在包装形式设计。也就是说"品牌包装"是对产品概念由内而外的诠释，它从维护产品质量、减少损耗、便于运输和销售的包装物形式与材料的使用，到终端卖场的各类美化，形成一个由小到大的环境包装系统设计。

品牌推广形象设计，是指在品牌形象策划过程的基础上，按照品牌形象策划中的形象要素、推广媒介、市场针对性等，将品牌营销理念进行可视化形象系统的设计。可以这样理解，品牌的策划过程是一个抽象的概念，而品牌形象设计过程是一个具象形态可视化的表现过程。必须指出的是，品牌形象设计与企业形象设计是有区别的。企业形象设计是将企业的经营目标、经营理念、经营宗旨、价值观等进行可视化的形象表达，主要用于与企业自身具有同等关系的企业、经销商、客户、政府职能部门等，服务面较为局限。而品牌形象设计则体现品牌的个性和特征，是用于提升消费者的认知和接受度，根据市场分析、消费者的消费心理及需求而进行综合考虑推广的一种设计，它直接面对大众消费层、社会群体，服务面更加广泛。

两种设计形式针对的社会群体和市场职能不同，所服务的范围也有所区分。但是，企业形象设计的核心是系统化与规范性的视觉形式，在品牌形象系统设计中被广泛应用。

第三节　文创品牌形象的系统设计

一个优秀的品牌形象设计方案，如果在体现品牌核心价值理念上只用了30%的执行力度，是很难成功的；但是一个普通的品牌形象设计方案，如果用了70%的执行力度来体现品牌核心价值理念，它就有成功的可能。也就是说，品牌形象在具体的设计运作过程中，应用规范化、系统化的设计方式是引导一个品牌成功的关键。以品牌视觉形象为例，尽管有很多公司初步确立了品牌形象识别系统，但是没有进行品牌的创新维护，就会形成负面效果。而一些公司在缺少统一性、系统化的情况下频繁地更换品牌视觉形象，也会物极而反，使受众对其变化不知所云，目标定位也会混淆。但如果只是单纯地重视品牌形象的统一性和系统性，在品牌形象设计方面就会出现僵化、固化的状态。因此，建立以系统性为准则的品牌延展性形象，才能为建立优秀品牌提供良好的发展基础。

一、系统性的定义

许多杰出人物已经很好地把握了系统性思想，其中最有成就的观点是任何系统都是一个有机的整体，它不是各个部分的机械组合或简单相加，系统的整体功能是各要素在孤立状态下所没有的新质。品牌的形象设计是系统化的构成形式，大致分为基础系统和应用系统两大部分，两者都可以根据企业自身品牌的需要进行细分和设计应用，是一种将品牌视觉要素加以规范化、系统化的解决方案。这种系统化并非建立在僵化、单纯的标志推广形象上，而是在品牌形象设计中将任何一个元素纳入该系统之中，借助系统的整体性超出单个元素的自身能量。

二、系统性的原则

品牌形象的塑造涉及多方面因素，不只是简单的品牌名称、标识、理念就能体现的。如海尔的形象不仅是两个可爱的娃娃，也不仅限于出色的服务，还包括不断创新的理念。实现一个品牌形象的系统化，需要整体协调合作。在大量细致的工作中增强品牌意识、重视品牌战略，各方协调，不断完善品牌的规范管理。需要对各种资源优化组合，如利用企业的人、物、力等各种资源，发挥最大功效，完成品牌效益的最大化。另外，品牌形象的塑造不单在企业内部完成，更需要面向社会公众，因为品牌形象是要和社会公众接触并最终通过公众得以实现的，需要利用社会中的积极因素，树立自身独特的品牌形象。品牌形象的塑造是一项复杂的设计系统工程，其设计系统性的原则有以下三点。

（一）设计风格的统一性

品牌形象是品牌的重要部分，当品牌向消费者传达信息时，品牌形象的统一性经过系统化规范与运用，才能在消费者中获得有效的品牌认知。这种统一性要求高度协调，包括所有视觉形象的元素，如色彩、符号、定位和风格的调性协调，即品牌的名称、标准字、标准色、标志性包装形式设计必须标准统一，不能随意变动。元素的组合方式及其应用范围必须是和谐、风格一致的，因而实施企业形象的规范设计形式是必要的，这样才能增强消费者对该品牌的认知度，提升品牌的知名度。

(二)叠加推广的效益性

品牌形象设计在推广中,载体有多种,包括包装、广告、宣传活动等。在各个推广环节中将品牌的视觉形象运用在不同载体上,以统一的形象面对消费者,形成全方位、立体、交叉式的信息传达,实现品牌形象整合化和一体化的传达,并以此构成一种视觉传播的叠加效果,才能够起到品牌价值的形象推广作用。

(三)理念精神的贯彻性

品牌精神,即品牌的灵魂。

品牌形象和表现形式可以随着时代进步而改变,而理想与精神在品牌的建设中是永恒的。以可口可乐品牌来说,虽然百年来不断地调整自身在公众心中的认知形象,而可乐没变,人没变,只是形象变得更加时尚。它印证了可口可乐一贯的精神理念——"可口,清新、快乐、活力"。不断创新形象,更加凸显可口可乐的"一定要成为全世界人们都喜欢的饮料"的品牌精神一直没变。

三、品牌形象设计系统性的案例解析

案例一:2008年北京奥运会的视觉形象设计

视觉形象是每一届奥运会承办方的重要标志,它传递着奥林匹克运动会的精神和举办地独特的文化内涵和价值取向。2008年北京奥运会通过动态的奥运开幕表演、相关的文化活动及静态的奥运视觉基础要素,使奥运会精神因独特的中国传统文化艺术而更显魅力。奥运视觉形象设计系统将奥运会的理念和精神转换成为能够传达具体化和视觉化的图形符号,而基本系统和应用系统共同塑造了完善的系统的奥运视觉形象。这种系统化的视觉形象设计,使奥运与其他的体育赛事区分开来,突出了2008年北京奥运会的个性和形象。该案例表明,对于品牌形象设计的系统性要求是成功的因素之一。如果系统性在设计中体现得充分,将使品牌传达的信息最大化,并在一定程度上提升品牌形象的核心价值。如果设计的系统性太过于保守或应用不当,很容易出现一种刻板的、封闭的状态。系统性太过死板、僵化会导致品牌推广受到很大的限制。因此,对于目前国内品牌视觉形象设计出现的僵化、失去活力的现象,如何既处理好系统性和规范性的平衡关系,又灵活应对现代社会日新月异的变化、塑造品牌的市场适应性,是任何一个品牌形象设计必须要面对的问题。

案例二:满族民间故事的文创设计

(1)创意来源

辽宁是满族形成、崛起、壮大的地区,蕴含着广博深厚的满族文化遗存和内涵。满族由"渔猎"转向"农耕",并且与汉族文化密切接触、融合,逐渐形成满汉杂糅的文化特征。这些特点都鲜明地体现在由辽宁满族民众集体创作、世代传承、"记录"他们生活世界和意义的故事中。

(2)文创作品

①明信片

满族民间故事文创明信片如图3-3-1所示。

图3-3-1 满族民间故事文创明信片

②钥匙扣

满族民间故事文创钥匙扣如图3-3-2所示。

图 3-3-2 满族民间故事文创钥匙扣

③鼠标垫

满族民间故事文创鼠标垫如图 3-3-3 所示。

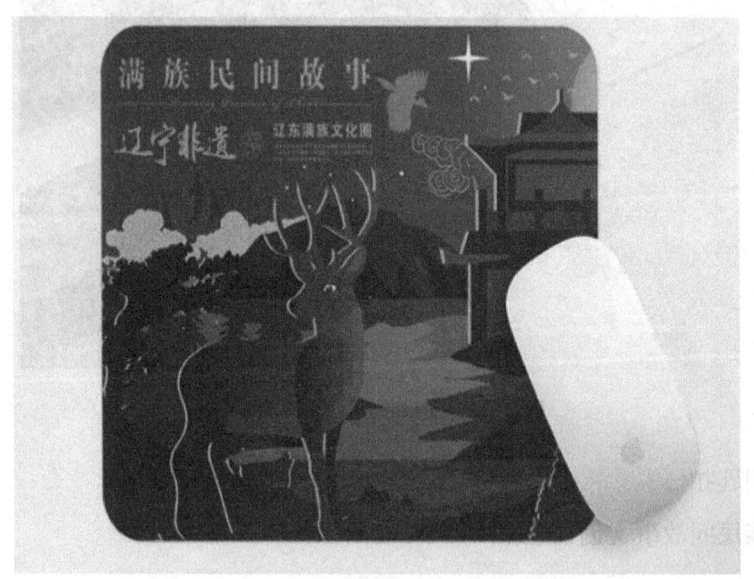

图 3-3-3 满族民间故事文创鼠标垫

④徽章

满族民间故事文创徽章如图3-3-4所示。

图3-3-4 满族民间故事文创徽章

第四节 品牌形象设计的延伸性

延伸性是相对于规范性提出的,设计系统必须具备可变化的弹性和适度拓展力,才能在不同的环境下运用自如而不会显得同质与僵化。视觉要素应该具有生命力,而不再是静止的、固化的,在运用时才能够保证在品牌形象识别的基础上变化多样。

传统模式的品牌形象设计,是以标志、标准字和标准色为主要核心元素,并以此构建基础系统,再加以系列系统化应用,且大多是以标志为核心元素的设计。实际来看,目前品牌形象的设计系统已不只是以单一元素为核心,而是趋向于多元化发展。传统的品牌形象设计系统局限于二维平面设计,以平面印刷物为主要应用,这使国内一些形象设计系统是以一种固化、封闭性的状态呈现。随着传媒形式不断改变，新媒介的产生，品牌形象设计也不断地发展延伸。视频互动、网页设计、多媒体界面等媒体形式的出现，为品牌视觉形象设计开创了更多新领域。

因此，品牌形象设计的延伸性有以下四个原则。

（1）提供参与，形成互动。受众参与是品牌形象设计的重要环节，在品牌建立的整个过程中占据重要位置。群众参与性体现了品牌形象设计的开放性。

（2）坚守理念，全面诉求。在品牌形象设计中，有意识地追求理念上的不同表现形式，需要在品牌形象设计各项内容、形式和方法上，全方位贯彻诉求品牌理念和文化精神的执行力。

（3）同一品牌，不同推广。品牌形象设计也需要在保证系统性前提下，突出不同的主题活动形象。同一品牌在不同的视觉表现形式与推广活动中提炼品牌理念精髓的多个触点，以达到追求品牌新延伸形象的创设。

（4）与时俱进，开放多元。品牌形象应根据媒介、技术的改变和时代发展及受众心理、审美趋向与时俱进、多元设计。不仅要设计简单的静态形象，更多的是要设计动态的、多元的、开放的形象，让受众多方面、立体地接触并认知该品牌，为其推广提供更广阔的空间。

当今国际品牌视觉形象的设计发展，不再以孤立的、简单的图形为主要诉求点，而是以一种延伸的、开放的、混合的、系统的、多元化的形态展现在世人面前。

第四章 文创品牌的整合设计

文创品牌的整合设计也是文创品牌设计创新思维的重要环节，所以本章将从品牌整合设计的定义；文创品牌设计识别要素中的视觉识别基本要素，听觉、嗅觉识别要素与触觉识别要素；以及文创品牌设计系统中的品牌识别系统、品牌产品开发设计、品牌空间设计这些方面对文创品牌的整合设计进行具体论述。

第一节 品牌整合设计的定义

品牌形象是指企业或其某个品牌在市场上、在社会公众心中所表现出的个性特征，它体现了公众特别是消费者对品牌的评价与认知。它是商品价值或服务价值的综合体现，是品牌表现出来的特征或特定的标记，反映了品牌的实力和本质。设计是以视觉的形式记录展示行为，经过前期周密的计划或设想赋予某样东西一个审美形式的过程。品牌设计起源于产品设计，并逐渐由产品本身发展到产品外部，包括了商标、包装、环境、建筑、广告宣传、多媒体和市场材料如互动媒体、展示空间、宣传册、服装等。设计是视觉与触觉的综合体，是品牌发展过程中重要的、必不可少的工具。品牌设计最早开始于19世纪，它是设计、市场营销、广告宣传、公司精神和公共关系的集合体。这些关于视觉美感、销售、认知度、美誉度和消费者忠诚度的不同领域的认知交叉融合的目的就在于创立并推出某个品牌，它们可以看作是一个统一的整体"品牌设计"的不同方面。品牌设计是指基于正确品牌定义下的符号沟通，它包括品牌解读及定义、品牌符号化、品牌符号的导入和品牌符号沟通系统的管理及适应调整四个过程。本书中的品牌设计则主要是指品牌形象识别设计,即在品牌调研的基础上,围绕品牌定位和期望而建立起来的品牌识别体系(Brand Identity System,BIS),包括基础识别要素的开发和应用识别系统的设计两部分。视觉识别设计最具传播力和感染力,最能够在品牌长期发展过程中占据重要地位,是品牌设计的核心,也是品牌形象设计课程学习的重点。

第二节　文创品牌设计识别要素

在这个数字时代,品牌设计不再局限于一个标志、一页广告或一个包装,从平面到立体,从二维到三维,形成了崭新的设计风潮。信息传达的方式不再是"黑白电视",更多的是进行全方位的感官刺激。品牌识别要素是品牌设计的核心,是创造品牌唯一性和形象统一性的基本构件,主要包括视觉识别基本要素和听觉、嗅觉识别要素及触觉识别要素三个方面。

一、视觉识别基本要素

品牌基本识别要素是静态意识符号,是具体化、视觉化的传达形式,将企业理念、文化、服务等抽象概念转化为具体识别符号。视觉识别基本要素是标识系统的核心,包括标志商标、标志字体和标志色彩。标志"logo"一词来源于希腊语logos,意思是"单词"。

标志是品牌名称在视觉上的一种形式,它是品牌理念的简约表达方式。先有品牌理念,才有标志。

面对复杂的世界资讯,消费者的审美进步神速,品牌符号标志也在不断变革。从形式更新、内涵理解、色彩扩展、展示方式等改变中可以看到标志的演化。可是什么样的标志才可以称之为好标志呢?保罗·兰德(Paul Rand,1914—1996)写道:"理想的logo应该是简单、优雅、经济、灵活、实用、难忘的。"最好的logo,比如国旗,能够最大限度地展现出其对观众情感的吸引力。行业特征决定品牌形态与特征,如食品行业和金融行业差异性很大,食品品牌多用柔和的设计元素，而金融品牌多用简单抽象的几何图形作为 logo 的设计特征。设计师必须在设计之前了解行业设计特征和品牌特点，才能掌握差别化的设计技巧。

（一）标志设计符号的形式

1. 图形结构

具象形：也叫写实形。它属于写实图案，偏重于对自然物象客观原形的外形与结构特征的表现，它比较接近自然形态。如人物造型、动物造型、植物造型等。

抽象形：摒弃了客观物体的形式和内容，表现出一种纯粹的抽象。从具体事物中所抽离出的抽象事物有点含糊不清，此种含糊或暧昧即为抽象化的特征之一，如圆形、方形、三角形等。

2. 字体结构

方块字型：主要是以汉字为主，包括单字和多字组合。

拉丁字母型：包括单个字母、字母组合和词组组合。

数字型：包括阿拉伯数字和汉字数字。

3. 整合结构

整合结构包括汉字与图形、拉丁字母与图形、汉字与拉丁字母、汉字与拉丁字母和图形。

除了这几种常见的标志形式外，标志设计也在不断地进化与改革，现代流行文化最显著的特征是对新事物的重视和对"下一个新事物"的渴望。在技术和创意理念的促进下，标志设计不再局限于二维空间，而向三维或多维空间扩展，突破标志单一、静态、固定的外形与色彩，更加注重利用标志内部结构的形式美感和活力表现，重新创造形态的动感和灵活性，最终使得标志设计往多元化方向发展。

（二）品牌标志设计特点

1. 识别性

识别性是品牌标志的基本功能。标志设计通过整体规划和设计的视觉符号，使标志具有独特面貌和强烈个性，并富有动感，同时也具有强烈的视觉冲击力，更容易被消费者识别，成为识别企业及其产品的"利器"。

2. 精准性

品牌标志不只是一个图形符号，还代表了企业或品牌的自身特点和发展趋势。标志设计在信息传达时，其含义必须简洁、准确，让人一目了然的同时体现出品牌的个性和文化。

3. 延展性

品牌标志是在品牌推广过程中出现频率最高的图形，需要在各种媒体上广泛应用，因此，在设计的同时应该考虑到其需适应于各种媒体和场合的广泛延展。

4. 审美性

品牌标志设计目的在于以对应的方式把一些复杂的信息用最直接的图形语言表达出来。它的构成形态、空间结构、色彩关系都应该符合目标消费人群的审美需求，要一目了然、简练、准确而又生动有趣，具有即时达意的传达功效。库博愿景隐形眼镜打破了传统的隐形眼镜的设计方式，用水彩来表现透明的镜片，运用水彩通透而温润的质感，让使用者在使用过程中产生愉悦的体验。

5. 系统性

品牌标志在后期应用和推广时，为了便于传播及在各种媒介、材质和环境中应用，必须对品牌标志进行规范化设计，达到系统化、标准化，从而保持一定的设计水平，强化品牌理念和精神。来自法国巴黎蒙特利尔地区的便利舒适的 Le Depanneur 咖啡馆，整体运用红、蓝两色，构成简洁、统一的视觉效果。

6. 时代性

品牌标志与广告或其他宣传品不同，一般都具有长期的使用价值，不轻易改动。它是品牌视觉识别系统的核心，也是品牌同一化的象征。面对迅速发展的社会、科技的革新，标志形态必须跟上时代的变化，才会具有时代典型的视觉特征。

（三）视觉识别辅助形态

视觉识别辅助形态主要是将传统的、相互分离的各种信息（如语言、文字、图像和影像等）有机地融合在一起，强化在品牌传播过程中的视觉特征。视觉识别辅助形态目前是品牌形象设计推广中的热点。

1. 辅助图形

辅助图形有时也称为辅助图案，是品牌视觉识别系统中不可缺少的一部分，它是区别于标志的"第二标识"，可以增加标志等视觉设计中的其他要素在实际应用中的应用面，尤其在传播媒介中可以丰富整体内容，强化企业形象。辅助图形来源于标志中某一核心元素的构成样式或从意义出发重新提炼、变化出的几何造型，其独立性不能超过标志。辅助图形可以丰富基本设计要素、提升品牌气氛和品牌影响力，是品牌基因的延续。如中国联通的辅助图形是其标志中国结的部分底纹。英国方法设计实验品牌将品牌标志形象进行重组后形成的辅助图形，在品牌推广中具有很强的视觉号召力和品牌识别力。

2. 辅助色彩

辅助色彩是为了配合标志色彩应用而开发的一系列色彩或色彩组合，可用于区分子母公司，或公司各个事业部门及品牌、产品的分类等。美国入境旅游机构品牌就针对各种产品、广告媒体规划了多种色彩系统。

3. 辅助角色形象

辅助角色形象是指由企业自行设计出来的，具有独特个性形象并被赋予生命的、拟人化的形象。辅助角色形象往往能反映品牌的特征与文化。辅助角色形象设计的表现形式即指用相对写实的图形、用夸张和提炼的手法将原型再现，是具有鲜明原型特征的一种创作手法。

格温·史蒂芬尼推出了一个全新原宿爱好者（原宿情人）香水系列，用5个个性迥异、古灵精怪的娃娃形象，区别于以往香水高贵、清冷的气质。它们的形象打造汲取了东京原宿地区的时尚街头风貌灵感，每个娃娃的造型和香气都有着独一无二的个性，吸引了大批少男少女的心。

二、听觉、嗅觉识别要素

听觉识别要素是在现代品牌竞争中诞生出来的特别要素，它既保持了原有的作用，又注入了新的效果。它的传播有很强的强制性和迅速性，通过视听同时加强消费者对品牌的印象。如新闻联播的声音、英特尔的标志性声音。嗅觉是一种感觉,会与味觉整合和相互作用。嗅觉识别是一种不同于传统的视觉和听觉的新方式,它将人体的嗅觉挖掘出来,通过嗅觉或使人心情舒畅,或使人兴奋开朗,再与视觉和听觉相搭配,迅速提高品牌记忆。美国甜甜圈和咖啡品牌Dunkin'Donuts在韩国首尔的品牌推广就采用了听觉和嗅觉相互结合的元素。首尔的公共汽车装了声音识别机器,每当Dunkin'Donuts的广告播放的时候,车上的声音识别系统会立即分辨出广告中独特的铃声,并同时释放出Dunkin'Donuts咖啡香味。乘客在乘车的过程中,听到广告音乐的同时也会闻到咖啡的味道,在听觉和嗅觉上与Dunkin'Donuts咖啡建立了微妙的联系,并引起了自己在车站附近的Dunkin'Donuts店中购买咖啡的念头。这则广告有350000人体验了,使设在汽车站的Dunkin'Donuts店的顾客增长了16%,销量增长了29%。正是因为其有效地运用了听觉和嗅觉的识别要素,才为Dunkin'Doniuts品牌带来了新的品牌消费高潮。

三、触觉识别要素

随着城市化进程,触觉识别促进了品牌与外界的直接交流,对于习惯以往标志系统的消费者而言,这是一种新奇的心理感受。它改变了原来二维的平面的面貌,由静态的空间转为与动态的、虚拟的实体结合,直观而真实。触觉识别要素既包含了传统标志的特点,同时又符合新时代发展的趋势,它的发展为标志识别注入了新的活力。

四、案例分析——山东方言的文创设计

(一)产品调研

目前市面上关于地方文化的文创设计寥寥无几,山东文创更是几乎没有。本产品以山东文化为出发点进行平面文字、标志的设计,与以往以插画为主的文创产品产生区别,让人眼前一亮。下面是调研的思维导图(图4-2-1)。

第四章　文创品牌的整合设计

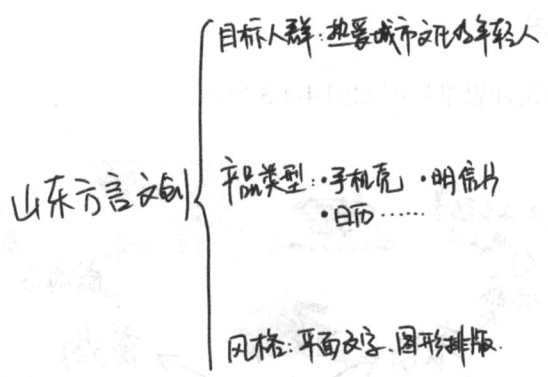

图 4-2-1　调研思维导图

（二）设计说明

山东历史文化悠久，但现代文创产品相较于北京、苏州、上海等地来说寥寥无几。山东方言文创可以以山东各地方言为出发点，进行本地文化的宣传，从而达到文化自信、文化骄傲的目的。产品本身以图形和文字排版为主，采用山东青岛、威海、济南三座城市的代表方言和建筑元素进行排版，并以此作为文创产品的包装设计元素（图 4-2-2）。

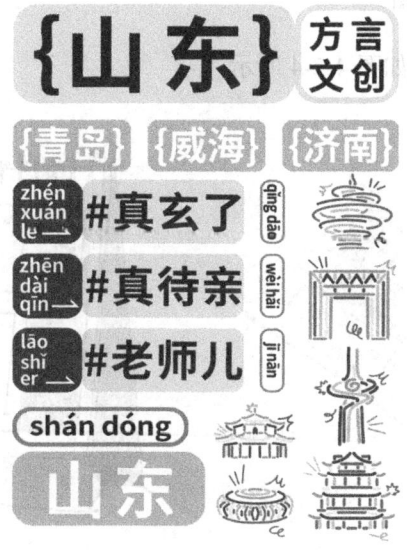

图 4-2-2　山东方言文创包装设计元素图

（三）思维导图

山东方言文创设计思维导图如图 4-2-3 所示。

图 4-2-3　山东方言文创设计思维导图

（四）文创设计草图

文创包装设计草图如图 4-2-4 所示。

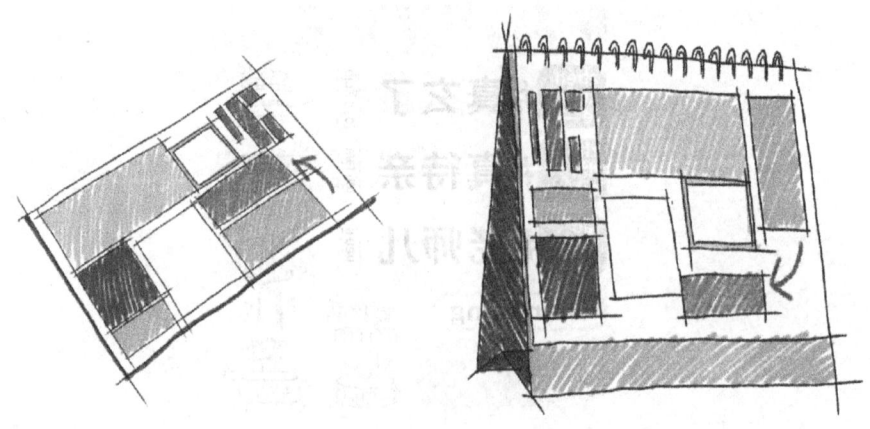

图 4-2-4　文创包装设计草图

（五）文创作品展示

山东方言文创作品效果图如图 4-2-5 所示。

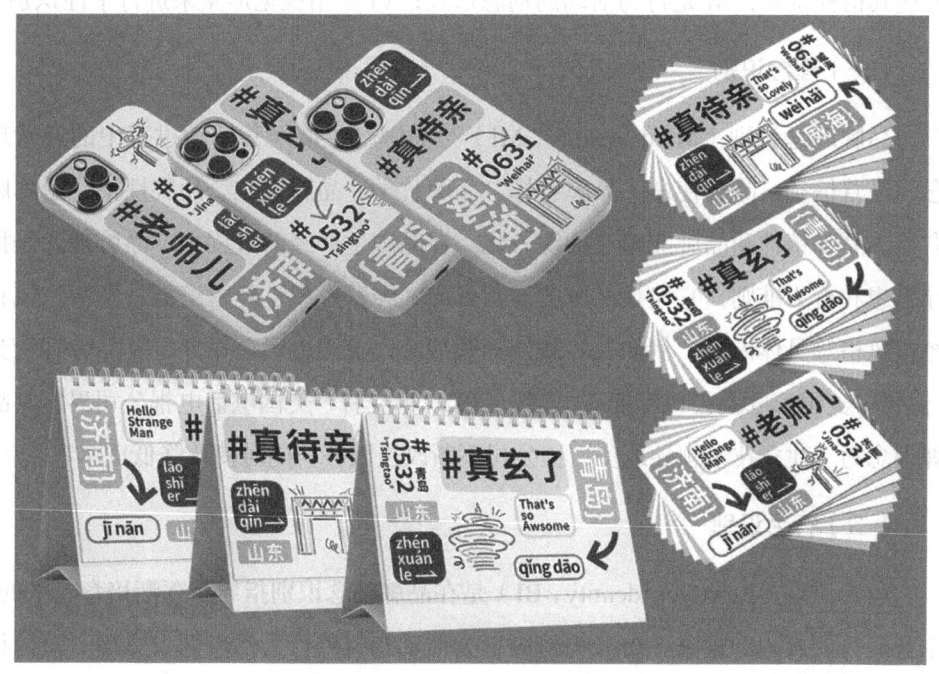

图 4-2-5　山东方言文创作品效果图

第三节　文创品牌设计系统

一个成功的品牌设计离不开新颖独特的创意，品牌要素的选择和设计是品牌资产建设的基础，关系到品牌的建设、推广和后期管理。品牌设计系统能够规范品牌形象，并为之提供动力，品牌设计系统直接导入品牌意识和行为。完整的品牌设计系统主要由三个方面组合而成，分别是品牌识别系统、品牌产品开发设计、品牌空间设计。

一、品牌识别系统

品牌识别系统将品牌形象作为一个整体进行建设和发展，基本上由三方面构成：理念识别（Mind Identity，MI）、行为识别（Behavior Identity，BI）、视觉识别（Visual Identity，VI）。MI 是抽象思考的精神理念，难以具体显现其中内涵，表达其精神特质；BI 是行为活动的动态形式；VI 是用视觉形象来进行个性识别。

（一）理念识别

品牌理念识别（Mind Identity，MI）是品牌在生产经营活动过程中的经营理念、经营信条、品牌使命、品牌目标、品牌哲学、品牌文化、品牌性格、品牌座右铭、品牌精神和品牌战略等的统一化。在品牌生产经营过程中，品牌理念是指导思想和行为准则，它包括品牌的经营方向、经营思想、经营道德、经营作风和经营风格等具体内容。例如，二战期间及战后，美国电话公司界定其品牌理念为"让每一美国家庭及公司都拥有电话"。1920 年左右，美国电话电报公司界定其品牌理念为"建立技术领导地位，让公司不断改进服务，同时持续降低成本"。

（二）行为识别

行为识别（Behavior Identity，BI）是在品牌理念识别指导下逐渐培育起来的、企业运行的规程和策略，可分为对内行为活动和对外行为活动两个方面。对内行为活动有员工教育、生产福利、工作环境等。对外行为活动有市场调查、产品开发、公共关系、促销活动等。企业的行为识别偏重于活动过程。耐克是全球著名的体育用品制造商，耐克的标志是个小钩子，造型简洁有力，疾如闪电，让人联想到使用耐克体育用品后所产生的速度和爆发力。耐克公司在和艺术家乔恩合作的一次活动推广中，用现代风格的插图搭配简洁的耐克标志，直接以公园作为展示背景，不但使品牌形象健康年轻化，还将这种轻松随意的风格和积极创造的生活态度融入其所出售的商品中。

（三）视觉识别

视觉识别（Visual Identity，VI）需要强大的理念作为精神支撑，其作为整体的符号系统必须是量身定做、量体裁衣的。品牌视觉识别是品牌所独有的一整套识别标志，它是品牌理念外在的、形象化的表现，而理念特征则是视觉特征的精神内涵。品牌视觉系统是品牌识别系统的具体化、视觉化，它包括视觉识别基本要素系统和视觉识别应用要素系统。

品牌视觉识别基本要素系统包括品牌标志、品牌标准字体、品牌标准色（色彩计划）、品牌造型（吉祥物）、品牌象征图形、品牌专用印刷字体设定、基本要素组合规范、标识符号系统（品牌专用形式）等。

视觉识别应用要素系统包括办公事务用品设计、环境识别设计、品牌形象广告及广告识别系统、企业商品包装识别系统等。

品牌办公事务用品设计主要是对商务办公上的一些用品的设计，如名片、信纸、传真纸、便签、资料袋、薪金袋、合同书、报价单、各类表单和账票、各类证卡（邀请卡、生日卡、圣诞卡、新年卡等）、年历、奖状、奖牌、茶具、办公用具（纸镇、笔架、圆珠笔、铅笔、订书机等）、公务车体等。

环境识别设计分为办公生产环境视觉识别和展示环境视觉识别两部分。办公生产环境视觉识别包括：主要建筑物外观、建筑内部视觉、符号指示系统（公共环境指示）、大门入口、室内形象墙、柜台后墙、公布栏、环境色彩标志、烟灰缸、垃圾桶、踏垫、员工储物间；展示环境视觉识别包括：展示会场设计、橱窗、展板、品牌产品展示类别（展示台、促销台、价目表、分类牌、目录架等）、展示导视系统、灯光规划、色彩、空间风格、人员服饰风格等。

品牌形象广告及广告识别系统包括：电视广告，报纸广告，杂志广告，网络广告，手机广告，海报，室内外直式、横式、立地广告等。

企业商品包装识别系统包括：外包装箱、包装盒、包装纸、包装袋、手提袋、封口胶带、包装贴纸等。包装的功能包括传递品牌特征和在缤纷的零售场合吸引消费者的注意力，甚至有些包装最后成为收藏品。结构设计是包装设计的技术要点，纸张、印刷工艺、结构的正确选择才能有效地实现产品包装后完整的展示效果，以及更好地发挥产品的功能。

二、品牌产品开发设计

产品设计是一个信息综合创造的过程，品牌产品是信息的来源点。产品设计是人的某种目的，需要转换为一个具体的物体或工具的过程，是把一种计划、规划设想、问题解决的方法，通过具体的载体，以美好的形式表达出来。法国著名奢侈品牌香奈儿的一句"不用香水的女人没有未来"让香奈儿品牌不断流传。香奈儿产品设计的推广也独树一帜，其化妆品和护肤品设计简洁、淡雅。香奈儿为旗下彩妆系列的口红做推广时，香奈儿女士说过："涂上口红可谓是令她可与人适度交谈的第一步。"

产品设计反映着一个时代的经济、技术和文化，一个成功的品牌产品设计基本具备以下要素：

1. 设计自主性。产品设计必须将品牌理念予以明确化，再转化为易懂的形象，并以合适的创意进行表现。

2. 设计国际性。产品设计要以本土文化为出发点，发现自身特点，运用东西方美学进行外观结构表现，从而面向国际。

3. 设计力。产品设计需建立起生产观，不仅表现在功能的优越性上，还要便于生产制造，从而使产品的综合竞争力得以增强。

4. 设计广度。在设计过程中产品细节设计十分重要，造型和色彩具有较高的完整度。

5. 设计长度。时间是检验一切的真理，产品设计必须与企业共存、共发展，要具有时代适应性。

三、品牌空间设计

品牌空间设计包括空间指示系统设计、展示设计等。空间指示系统设计通过在空间中提炼有效信息进行视觉化传达，帮助人们在有序的空间中满足工作、学习、生活的需要。品牌空间指示系统在设计时，还需要考虑到室外自然光、夜晚灯光、室内灯光等不同光线的影响，运用创造性思维解决形式与功能问题。除了基本的构成方式外，还可以多运用发散性思维，结合品牌特征和空间环境，利用不同材质的整合加工，设计出充满人文气息的作品。阿姆斯特丹建筑师 Ard Hoksbergen 给位于荷兰首都阿姆斯特丹的一个 19 世纪的理发室店铺设计了一个粗糙却又温暖的空间，室内大部分采用的是未加工的天然材料，地面选择老旧的楼板，并用石灰墙面、皮革和混凝土创造了一种工业化的空间装饰风格。

第五章 文创品牌视觉传播策略

进行文创品牌设计最主要的目的就是传播,然而在传播中视觉传播十分重要,所以本章将从文创品牌形象推广设计中的推广概念、推广形象、推广的方式,推广理念的形象创意中的品牌理念的形象化、文创品牌形象推广的艺术化,以及文创品牌推广的审美设计这几个方面来对文创品牌视觉传播策略进行详细阐述。

第一节 推广理念的形象创意

品牌推广是在品牌识别形象定位的指导下,通过对核心价值的联想、转换与创意,来创造视觉形象,塑造品牌的个性印象。这个核心价值通常表现为品牌的信息概念。核心价值在现出文化精神时,也称理念,即理想的信念。所以,品牌理念的形象性与创意就是品牌推广最重要的任务。

一、品牌理念的形象化

品牌推广的符号是依据对品牌信息"概念"的认知,通过转换"编码"成为创意形象的。在品牌推广的信息传达过程中,品牌广告设计中的创意行为常常是针对品牌推广的特定信息概念进行思考的,而这种思考通常表现出三种方式:(1)用形象思考;(2)用概念思考;(3)用关系思考。关系是指形象各部分之间,此概念与彼概念之间所存在的相同、相近的关系。这些关系把各种形象与概念联系起来,使我们的思路开阔,使构成的形象丰富而又新奇。以此为起点,设计思考很容易通过分析与综合、推理与判断、比喻与象征,进行形象重组、改进和创新。这种以事物间的关系为联系纽带而进行思考的过程和方法，就是信息概念的"推广"与"演绎"，就是通常所说的：联想的是概念，创意的是形象。

（一）概念的思维常性

在人的思维活动中，大脑的功能是不同的。有的联想通过左脑演绎经验形象，由本能、习惯而进行，也有部分联想通过右脑有意识、有计划地开展。当人们需要突破思维习惯、开创新天地时，一般会用概念联想，然后再把概念转化成形象，进而推广他们的形象联想，这说明视觉思维是重要的思维形式。设计公司做品牌推广项目创意时，通常都是应用语意思维作创意策划与视觉思维作创意设计的互动方式，只是后者是最终的视觉效果，具有更广泛的认知传播作用。

以语意作为创意主题的策划，它的视觉形式具有多元性，一旦确立语意概念（"理念"）作为推广主题时，需要将主题的概念做进一步的创意推演，以获得视觉图示的表现形式在"概念意义"上的一致性。如以"青春"为主题的概念转换形象的演绎案例。

（二）语意的概念联想

事物的概念，不仅指人们对事物意义的认识及其语言和文字的表达，还与认识的结果、表达结果的符号及人们对事情的理解等息息相关。因此，认识的主体对象、过程方法与结果、表达与理解就都成了人们对事物意义的认识要素，也是语意概念构成的要素。概念联想可以从这些要素开始，由此到彼，由主体到客体，由过程到方法再到结果、引申到由局部到整体，由有机物到无机物的过程，甚至其他更深远、更加复杂的概念。由此可见，概念联想中蕴藏着无限的创意。

品牌推广形象的广告性是具有前沿性、引领性的行为，其原则与现代艺术倡导的原创性、震撼力、个性化不谋而合。设计艺术向艺术取道，体现在当今的中国设计教育中，表现为学生重技轻艺的倾向。这主要是由于缺乏深入研究人文背景和多元的艺术环境——这是设计师得以诞生和健康成长的土壤。但中国的设计教育正在形成创造性与多元化的艺术资源环境。

时下很多品牌推广会引起消费者的反感莫过于没有赋予推广形象一定的艺术内涵。失去了艺术品位的品牌形象广告作品注定不完善，也不会有市场亲和力。一个毫无美感、缺乏艺术感染力的品牌广告形式，难以打动消费者，难以实现其建立品牌个性的目标，这一缺憾必然影响到品牌形象的发展前景，更会影响中国品牌的国际化进程。因此，设计向艺术借"道"显得日益迫切，尤其应向西方现代艺术借鉴，建立一个健康全面的艺术资源库。

这种借鉴一方面是对现代艺术多元化风格形式的吸收，另一方面是要注重对艺术大师具有"设计"特质的艺术经营理念、作品规划策略的剖析和汲取。这种借鉴为丰富品牌的个性设计风貌，提高品牌推广设计的审美品位创造了"近距离"的体验。其根本意义在于艺术作用于设计，设计追求实现艺术。

二、文创品牌形象推广的艺术化

品牌推广是沟通的艺术。它摆脱了品牌功能性诉求的桎梏，关注人类生活方式的变化和需求，目的是持续地塑造品牌个性并影响目标受众的生活态度和价值取向，是长期、持续的艺术创意运动。艺术使品牌规格的视野更广阔，形式更多元，传播效率更高，影响力更深远。

当代品牌广告竞争在策略的先导下，进入了以创意设计为核心的新阶段。品牌推广更注重自身的创意主题和视觉品质感，并在作品中渗透艺术品位。这种艺术化倾向，是当今品牌广告发展的一大特色。

耐克公司推出冬季户外运动装新系列广告，以极具艺术性的视觉形象表达出品牌的内在品质感和审美品位，给人们很深的印象。耐克的广告，往往展现战斗力、决心、成就、乐趣，以及运动带来的心灵慰藉与回馈。这个系列用虚实结合的艺术表现手法展现运动的魅力，具有速度感和方向性的线条缠裹着运动中的身体，伴随而来的是对体态的崇拜和赞美；画面处理简洁集中，有很强的视觉艺术感染力，营造的时尚气氛激励人心。这种广告创意表现的艺术化倾向，大致表现在以下两个方面。

（一）差异化诉求

随着科技进步和商品同质化倾向（不同厂商根据相同的消费情报，做出相同的结论，于是就有了类似产品），市场竞争日益白热化。厂商逐渐意识到产品标准化中潜伏的危机，不少企业尝试开发与现有竞争对手截然不同的产品，而技术的突破往往只能是暂时领先，竞争对手可以在短期内迅速跟上。所以当今企业竞争焦点转向更为长远的品牌战略，尝试塑造一个特殊的品牌定位，以品牌无可替代的个性来吸引消费者的注意，进而建立好感，争取认同。

反映到品牌广告中，就是广告以"解决问题""面对面比较"这些功能性设计为起点进入讨人喜欢的阶段。感性诉求成为品牌广告创意的一个出发点，而艺术展现是品牌广告软性策略中的一个差异化手段。

渗入强烈的艺术成分成为众多优秀品牌广告的创意特色。为了有效吸引消费者注意，必须及时改变广告表现形式以保持新鲜感与感染力，并重视创意表现上的新奇和对美的情趣追求。对美的理解，从品牌传播的角度讲，是"使人感受到品牌形象的优化信息"，新艺术形式带来的视觉震撼往往令人驻足，如以超现实主义艺术感受作为品牌定位的香奈儿香水广告，就因为曾经邀消费者来"共享幻梦情趣"，而奠定了在美国市场发展的基础。

设计向艺术取经。广告设计的艺术化，也包括直接利用经典艺术元素塑造差异化品牌形象，给受众独特的记忆点。

（二）美则优质

李泽厚在《美学四讲》中指出两种对美的看法：一是《说文解字》中的"羊大则美"认为羊长得很肥大就"美"，这与满足人的感官需要和享受（好吃）直接联系；另一种看法是"人羊为美"[①]，从原始图腾艺术的材料看，人戴着羊头跳舞才是"美"字的起源。"美"字与"舞""巫"字最早是同一个字，这说明"美"与原始巫术礼仪活动有关，具有某种社会精神含义在内。

从"羊大则美"到"人羊为美"，站在当今广告设计角度，可以理解为广告重心从产品功能诉求向品牌印象诉求的转变。今天，"美"的创造是围绕品牌形

---

① 李泽厚.美学四讲.武汉：长江文艺出版社，2019.07

象的建立而进行的，品牌精神的个性魅力成为美的中心内容，偏重精神与心灵上的意义。

广告是为塑造品牌个性服务的，主要传达品牌主张和建立公众印象。艺术成分，特别是经典艺术的渗入，增强了作品的视觉效果与美的因素，提升了品牌与目标的相似之处和受众的认同。

人们容易把漂亮的人想象得更聪明、知识也更渊博，即所谓的"光环效应"。当人们从某个角度出发认为品牌层次优良、水平较高时，便会想象它在其他方面同样出色。这个效应说明人们更喜欢把他们对品牌形象的全部评价统一起来，被称为"美则优"定式。品牌广告设计作品的艺术内涵和形式魅力都有助于消费者获得审美体验，从而增加好感、改善态度，最终建立品牌形象在公众心中的信任感和高价值感。

第二节 文创品牌推广的审美设计

消费审美化取向。消费是需求的满足，人的消费走向完全视需求而定。马斯洛理论指出：人的需求不断从低级的生理需求向归属、自尊的中级需求和自我实现的高级需求发展。因此，消费需求也随之从物质需求满足转向注重精神需求的方向发展。而对精神需求的追求，必然导致对美的追求。一位著名的经济学家曾经提出，我们没有理由主观地假定科学和工程上的成就，是人类享受的最终目的。消费发展到某一限度时，凌驾于一切的兴趣也许是在于美感。

被称为"市场研究的弗洛伊德"的美国心理学家迪士特的研究，触及现代消费的一个趋势，消费的审美无意识。

现代消费者购买一件商品，并非仅仅为购买品牌的商品功能或效用，也并非只为取得品牌的所有权。换句话说，消费者不仅是购买产品，更希望通过购买，获得一系列联想和心理满足，亦即获得心理的愉悦感和乐趣。这种对审美享受的追求，在购物中常常通过无意识的心理表现出来，是随意和即兴的。

将艺术成分渗透到品牌推广形象的广告设计中去，增强审美体验，能提高消费者对广告的好感。以法国为例，65%的民众说他们爱看广告，因为法国广告不仅推销品牌，也推销广告的艺术。

品牌广告的创意针对不同的目标受众，进行不同属性的定位，差异化也是多元化的。但不管定位在什么阶层，都应该独具品位。品位并不为高价位的商品专有，并不因为层级不同而有不同的标准，品位领域中某些部分甚至具有社会多层级一体适用的倾向。而道德伦理和人文关怀是现代社会各个阶层都应关注的内涵，高价位档次的商品必然含有高雅的意味，而中、低价位的商品也必须具备雅俗共赏的亲和力。

品牌广告是经济的，又是艺术的。融入艺术品位的广告形式无疑增强了品牌的人文关怀，提升了公众的整体审美素质。

今天的大学生是正在成长的未来消费主力。一份对上海、北京、广州大学生的业余爱好、休闲去向的问卷调查显示，大学生们最想去的场所是剧院，去领略高雅艺术的精彩，同时培养自己的艺术气质和鉴赏能力，选择美术馆、博物馆的人也不在少数。由此可见当代年轻人的价值取向。

作为品牌广告的设计师，更应该敏锐地把握这一消费趋向，在具体的品牌形象设计中融入艺术元素，以艺术趣味来感染、引导消费者。

消费的审美化取向与时代特征紧密相连。当代社会高度信息化的特点，使大众能从各个方面获得最新资讯，眼界得到极大的开拓。人们的审美意识发生了深刻变化，审美需求逐渐上升并向多样化发展。社会消费大众不满足于单一的、程序化的表现模式，求新、求异已成为现代消费行为中重要的心理趋势。随着教育的普及，人们艺术素养有所提高，审美鉴赏能力大大提高，许多过去只为少数艺术家欣赏的东西，也会很快得到一般消费者的青睐。

由此可见，文化品位和艺术格调在品牌消费过程中受到重视，消费审美化取向是消费者文化消费心态日趋成熟的标志。这也是品牌形象设计必须遵循的设计取向。

第三节　文创品牌形象推广设计

一、推广的概念

以信息传达的理论解读，品牌的推广就是品牌符号的传播，而信息的传播理论涉及编码与解码的符号传播过程。被誉为"传播学之父"的威尔伯·施拉姆在1954年提出了"信源—编码—信号—译码—目的地"的传播模式。依据这个模式，我们可以将品牌信息看作"信源"，品牌的符号创意看作"编码"，而品牌符号是通过品牌可视化编码构建的符号形态，被称作"信号"，受众接受品牌信息的过程被看作"译码"，受众认知的实现为品牌信息传达的"目的地"。

由此看来，品牌符号的编码是信息传播最重要的环节，是传输品牌信息的视觉化环节。

视觉编码的多样性与灵活性，确定了品牌视觉符号具有极强的形象性和表征性，因而这些看似简单的视觉符号就可以承载丰富的语义内涵。品牌信息的符号化传播方式具有以下优势。

第一，将品牌信息转化为视觉符号，具有直观性强、容易识别、便于记忆的特点。在经历多次转换之后，还能最大限度地保留与品牌语义信息的一致性。

第二，品牌以视觉符号形式进行信息推广，可以大大提高品牌信息的传播速度，直观地被受众接收。品牌信息的视觉符号可以直接唤起接受者大脑中已有的记忆，有助于接受者正确地获取与理解品牌的信息。

在品牌符号的推广传播中易被忽视的是推广者与接受者必须遵循共同的品牌符号编码与认知解码的规则，即必须作消费层级的调研，才能实现品牌信息的接受与意义的识别。

品牌的视觉语言不必像文字写作语言那样，必须遵循严格的语法规则。品牌视觉形象语言的传播是以人脑天生具有的形象记忆为依据，来实现品牌形象符号意义的信息转换与接受，它是品牌信息推广的基本概念。

二、推广的形象

品牌推广包括策略制订和创意执行,而形象设计的策略是整个品牌推广活动的起点。策略必须有一个明确的目的,将目标受众、产品概念、传播媒介和广告讯息四方面进行整合,预设品牌推广的视觉形象的表现形式,结合对品牌价值的思考,解决"对谁表现""怎么表现""表现什么"等问题。如果采用的策略是其他同类品牌的影子,那么品牌广告形象的创作也只能是邯郸学步;如果采用的策略具有创见和突破性,就为广告创作和塑造个性品牌形象奠定了基础。这说明推广形象创作上的突破,往往是源于品牌理想的突破,理想上的飞跃引发创作上的飞跃。设计策略的突破性构建在对消费族群价值观和信仰、行为和兴趣及拥有物这三方面的综合研究之上。比如苹果公司"再一次,改变一切"的理念吸引了与众不同的消费者。他们都极具个性,喜欢挑战竞争者。

而消费者自我利益也是他们的行为和兴趣爱好,比如说喜欢看足球比赛,喜欢旅行、投资和外出吃饭,等等。品牌理念的形象化如果成为这些行为或兴趣的一部分,并为消费者带来额外的功能性利益,就能深入消费者的情感生活。形象化的定义在此非常宽泛,包括人员、场所、思想、群体和物件,所有这些都能表现和加深人的自我形象化概念,问题是怎样把品牌和这些形象物联系起来。品牌本身可能是这个形象化物,传达着形象化的情感和自我表现型利益。当一位顾客拿着一件哈里·戴维森T恤说"这个品牌就是我"并告诉别人品牌如何成为他生活的一部分时,或者当梅赛德斯·奔驰使某人得到一种成就感时,品牌就形成了与消费者情感层次的关系。我们对这些方面仔细关注就会发现许多平时显而易见但又不易被察觉的、能触动人心的形象化事物。而这些抽象的事物往往具有共通性,存在于人的心智之间,是深藏于潜意识的不被察觉的认知,是生活的一部分。

它反映了消费者对品牌的忠诚及与品牌的相关程度,也表现出消费者对自我观念的认同。

三、推广的形式

品牌推广的形式,指品牌的创建或拥有者为打造品牌而进行的系列广告性活动。推广的核心是以广而告之的形式,促使消费者了解企业、接受产品的过程。推广的主要目的是让消费者或客户认知品牌,对产品或企业产生良好印象,并把企业产品推广销售出去,认可品牌的核心价值并再次强化品牌精神,使其在未来的竞争市场中占有一席之地。

品牌推广分为对内推广及对外推广两大类。

(一)品牌对内推广

品牌通过对内推广有利于规范企业行为,以及员工对企业的统一认识,树立企业信心。主要包括:(1)事物用品推广。简单事物用品设计是对品牌的日常性、非广告性的推广,其推广水准是对品牌的再度提升。(2)办公环境的推广。企业店面和办公楼内部环境装饰设计既要注重功能性与实用性,又要具有品牌的内涵。内部的宣传语及标识物设计要与品牌理念的整体设计相融合统一。

品牌的对内推广,须做四个方面的工作。一是内部媒体上的品牌推广。企业的内部杂志及报刊、宣传栏、网站及宣传横幅等都是内部品牌推广的重要媒体。推广者要结合媒体的具体状况,根据品牌的定位,系统规划品牌推广的内容。二是利用特殊时间的推广活动。包括节日、年会、部门例会、迎新晚会、运动会等都是进行内部推广的机会,管理者必须结合品牌战略的需求,作系统规划和设计,从而在企业内部形成品牌的文化氛围。三是应用特定场所的品牌推广。包括在车间、展厅、楼梯、电梯、食堂、洗手间、会议室、接待室、办公室等,进行系统的整合设计,有重点地展示品牌的核心价值,提升品牌形象的信任度。四是企业员工服饰的识别。个人的形象识别在整个企业品牌形象中扮演着重要的角色。面对店员或企业员工咨询商品信息时,第一眼看到的是统一的着装及良好的服务态度,这对于品牌形象来说是最直接、最真实、最生动的传播效应。

(二)品牌对外推广

品牌对外推广最有效、最本质的方式是广告,它的有效性建立在选择适合的推广方式上。对外推广的媒介包括平面媒介、户外媒介、多媒体、连锁加盟、展览会等形式。这些形式如果能充分整合,会使品牌形象迅速深入人心。而选择推广的时机非常重要，如重大节日、股票上市、庆典活动等。只要时机选择得好，对品牌的推广具有很好的传达效果。例如苹果品牌广告，由 TBWA Chiat Day 的李·克荣及他的团队为苹果提出两句非常深入人心的广告口号："Think Differert"与"APPLE SHOP"为促销苹果产品起到了很好作用，同时也把苹果的品牌理念展现得淋漓尽致，有效地树立了品牌形象。

品牌对外推广主要有线上和线下两类。线上推广指多媒体推广形式，如电视、广播、网络等，其优点在于展示内容较全面生动，作用力强；缺点是制作费用高，周期长、实效短，受众有限。线下推广指平面媒介、户外媒介、连锁加盟、展览会推广等形式，包括报纸、杂志、海报、户外广告、POP 广告、展示设计等。

任何推广形式都有利有弊，不能面面俱到，需要采用系统化综合跟进的方式进行，才能达到最佳效果。而一个好品牌形象的建立，要借助有效的媒介工具，进行信息传播，最终扩大品牌的知名度和提升消费者对品牌的认知度。现代媒体技术的发展和普及，视觉信息传达形式的多样化，要适应时代的进程和步伐，才能更好地推广品牌形象。

第四节　案例分析——四川巴蜀大宅门的文创设计

一、整体创意说明

火锅是四川的代表之一，因此选择"巴蜀大宅门"这家火锅店做文创和包装设计。在四川，吃火锅也有讲究，调料一般选用最基本的香菜、蒜和香油，还有折耳根注入灵魂（当然不是所有人都喜欢鱼腥草），这样才能吃出火锅的原汁原味。烫菜也有规矩，先吃毛肚、鸭肠一类的食材，烫法是七上八下，这样烫出来的菜才最嫩。招待客人或是和朋友聚餐，一顿火锅再配上啤酒或白酒，才最能符合四川人热情好客的性格。

在完整的画面中，主要的元素选择了成都的大熊猫和不同的川剧服饰，底纹则是从广汉三星堆的文物上提取而来。而熊猫主题旁边的文字是成都话，在右下角配以普通话的释义。再在包装的背景上添加双流的诸葛故里，这样更能体现出浓浓的老成都味道。

二、前期思维导图设计

关于做火锅店的文创和包装的设计，设计者首先了解了一些其他品牌的包装设计。一些定价较高的品牌的包装设计会更加精致，质量较高，材质的选择也比较高档。其门店有统一的工作服或围裙，使用专门设计过的印有品牌标签的卫生纸纸盒、打包盒、手提袋等，有些还会赠送祛味喷雾。在这些用品的文创和包装中，想体现出火锅的特点和成都地区的特点，首先想到的就是我们的国宝熊猫，设计者希望能将它与川剧进行结合，更能体现出"巴蜀"的感觉。（图 5-4-1）

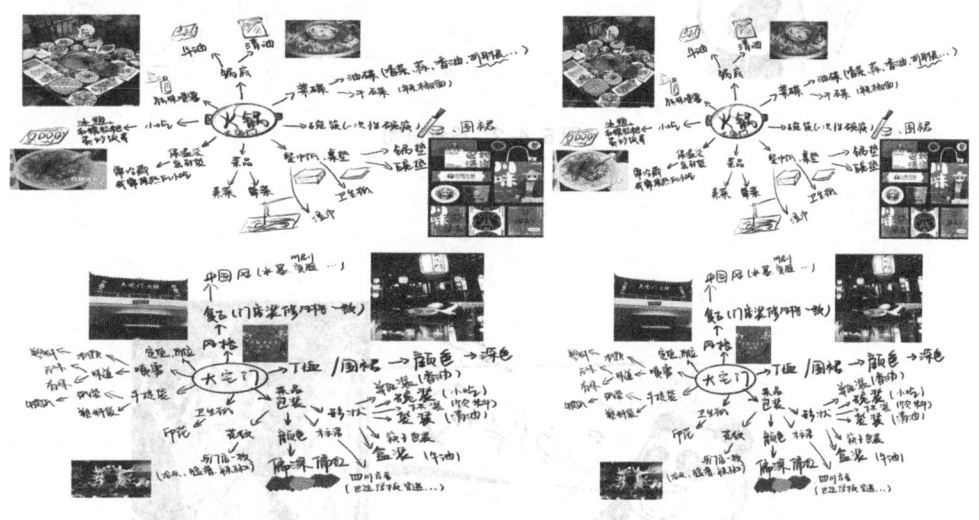

图 5-4-1 设计的思维导图

三、前期设计草图

在一般的外卖或堂食火锅包装里，通常会有锅底、小菜蘸料、碗筷、餐巾纸、桌布、保温袋、密封袋等。在这些包装上体现出成都的特色是十分重要的。提起成都，具有代表性的有我们的国宝——大熊猫、可以喷火和变脸的川剧、神秘的三星堆，以及许多名人的故居等。在草图（图 5-4-2、图 5-4-3）中可以看到，设计的主要形象是一只大熊猫,穿着川剧戏服,操着一口成都话(众所周知,熊猫听得懂成都话)。设计方案中设计了三个穿着不同戏服的熊猫,都张着嘴,可以理解为吃了火锅很辣在哈气,或者在喊这个火锅真的是"巴适得板",或者只是在笑。设计者希望可以通过这种方式,体现出成都特色美食的独有气质,同时也向外地人传播着成都话的精髓,希望大家都可以爱上火锅、爱上成都。

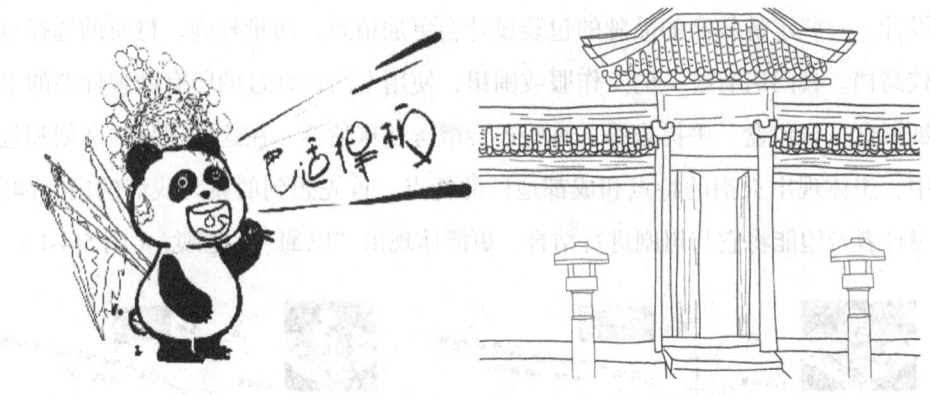

图 5-4-2 设计草图

图 5-4-3 草图图案出处

四、成品展示

（一）完成稿展示

巴蜀大宅门完成稿如图 5-4-4 所示。

图 5-4-4　巴蜀大宅门完成稿

（二）文创产品效果图

巴蜀大宅门文创产品效果如图 5-4-5 至 5-4-7 所示。

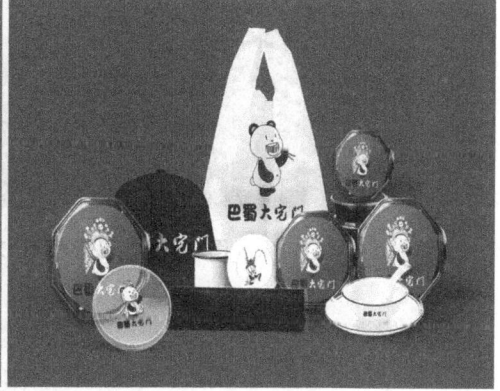

图 5-4-5　巴蜀大宅门文创产品效果图一

图 5-4-6　巴蜀大宅门文创产品效果图二

图 5-4-7　巴蜀大宅门文创产品效果图三

第六章 文创品牌设计作品展示

本章将从福建片仔癀的文创设计、北京国家大剧院的文创设计、江西景德镇黄鹤楼的文创设计、河南印象系列产品的文创设计、山东标志性品牌的文创设计，以及辽宁非物质文化遗产的文创设计等案例来详细展示文创设计作品。

第一节 福建片仔癀的文创设计

一、设计说明

片仔癀是中国著名的中华老字号，其处方、工艺均属国家绝密级秘密，本身有过硬的产品品质和卖点。本次设计采用插画设计形式，视觉中心人物给人产品使用感受的具象化，并且结合福建特有山丘地貌、花朵和产品卖点——珍珠霜、植物提取精华等元素，直观表现出护肤的强大功效。并且对产品 logo 和字样进行优化升级，进一步提升品牌价值和记忆点。

二、市场调研

如图 6-1-1 所示，当前市面上同系列的其他护肤品牌，大多采用插画结合品牌宣传的包装设计形式。插画设计在现在市场上更受年轻消费群体的喜爱，也不失设计感并能被中年消费群体接受。因此，本产品在保留产品本身具有高辨识度和品牌调性的标志的基础上进行优化升级，并选用突出产品卖点和地域特色的插画为包装主图。

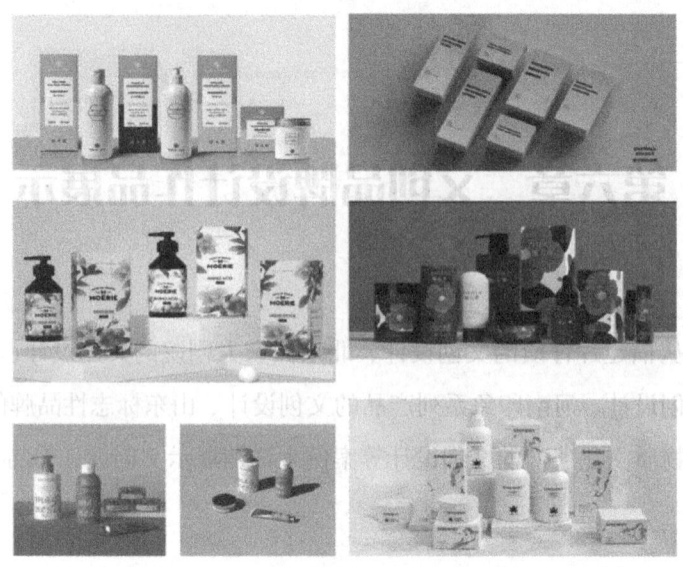

图 6-1-1　市面上其他护肤品牌的包装设计

三、思维导图

片仔癀品牌文创设计思维导图如图 6-1-2 所示。

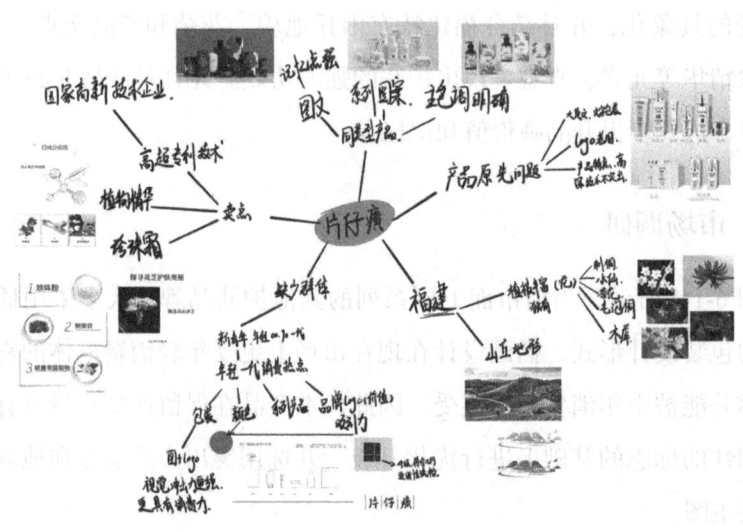

图 6-1-2　片仔癀品牌文创设计思维导图

四、设计草图与成品效果展示

(一) 前期设计草图

包装设计草图如图 6-1-3 所示。

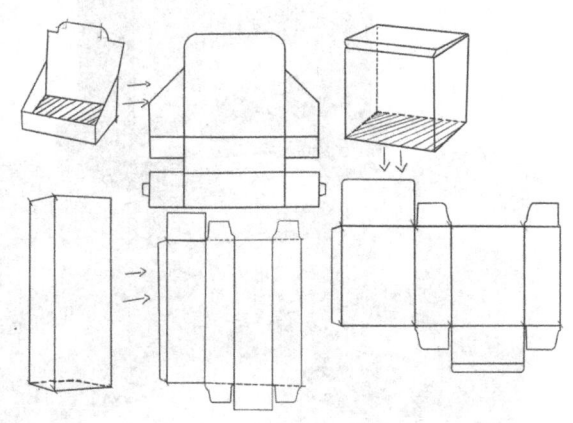

图 6-1-3 包装设计草图

(二) 成品效果展示

片仔癀文创设计效果图如图 6-1-4 至图 6-1-7 所示。

图 6-1-4 片仔癀文创产品效果图一

图 6-1-5 片仔癀文创产品效果图二

图 6-1-6 片仔癀文创产品效果图三

图 6-1-7　片仔癀文创产品效果图四

第二节　北京国家大剧院的文创设计

一、前期调研

国家大剧院作为中国国家表演艺术中心，始终坚持"艺术改变生活"的理念，为人们带来丰富的精神文化享受。多样的文创产品可以让人们在生活中品味艺术情怀，收获愉悦和美好。

国家大剧院原有的周边产品大多以自身建筑特点及其经典的兰草纹样进行设计，同时大剧院还创作了一只鹅的 IP 来进行文创的设计，但是其结合剧院经典的剧目进行创作的文创产品较少，仅有的结合剧目的文创产品也仅为简单的剧目主人公形象，而结合整个剧目情节进行创作的文创较少。所以对国家大剧院进行文创设计还是很有必要的。（图 6-2-1）

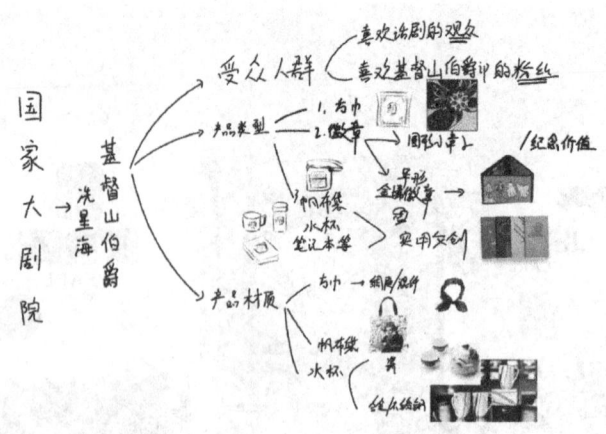

图 6-2-1　国家大剧院文创产品设计思路图

二、设计说明

以大剧院典型的剧目为原型可以让更多的人感受到话剧、舞剧等剧目的魅力。此产品选用了《基督山伯爵》《冼星海》两部剧目作为主题进行设计,根据剧目的情节内容、人物经历和人物性格,采用了抽象和具象图形相结合的方式来进行创作。

三、思维导图

国家大剧院文创产品设计思维导图如图 6-2-2 所示。

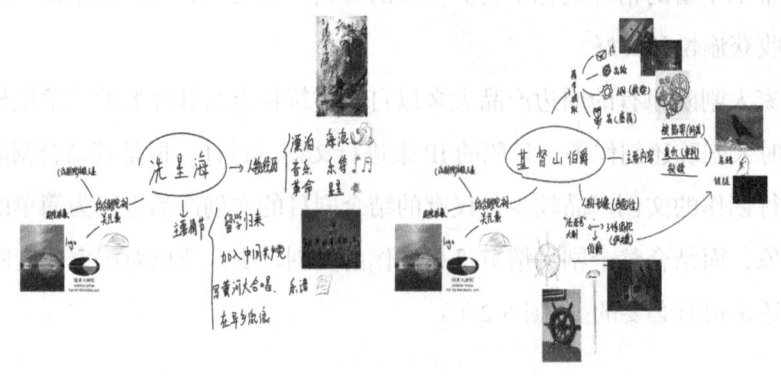

图 6-2-2　国家大剧院文创产品设计思维导图

四、灵感来源

国家大剧院文创产品设计的灵感来源如图 6-2-3 所示。

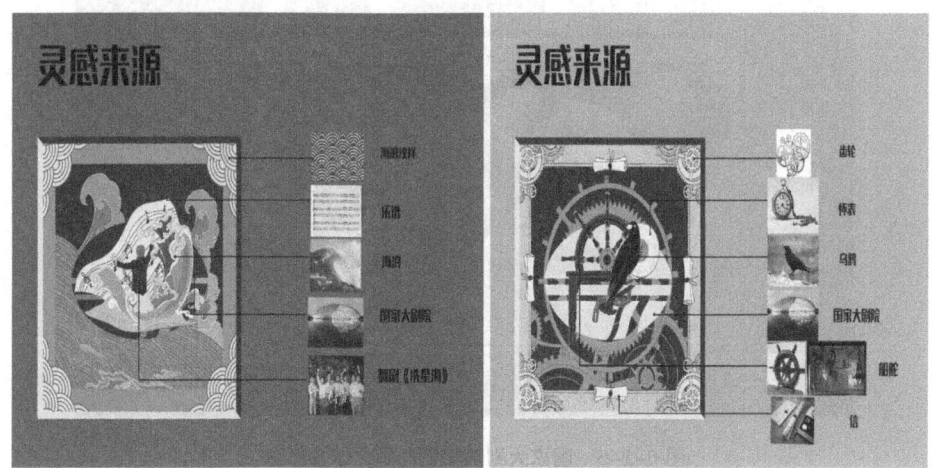

图 6-2-3　国家大剧院文创产品设计的灵感来源

五、成品展示

国家大剧院文创产品设计成果图如图 6-2-4 至图 6-2-7 所示。

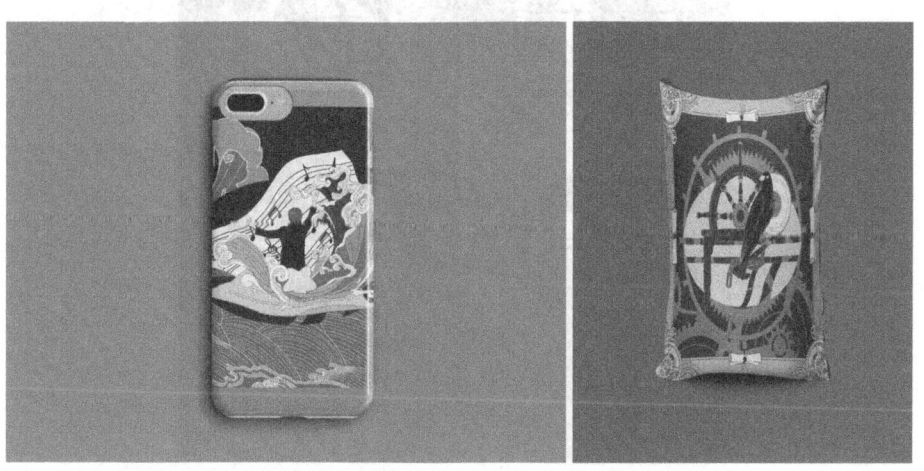

图 6-2-4　国家大剧院文创产品设计成果图一

◎ 文创品牌策划与设计新思维

图 6-2-5　国家大剧院文创产品设计成果图二

图 6-2-6　国家大剧院文创产品设计成果图三

第六章 文创品牌设计作品展示

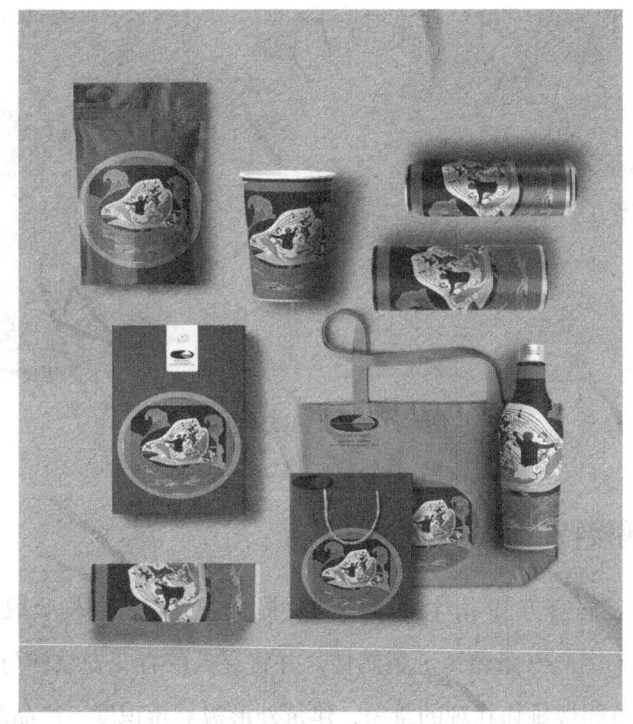

图 6-2-7 国家大剧院文创产品设计成果图四

第三节 江西景德镇黄鹤楼的文创设计

一、黄鹤楼特色餐具设计

黄鹤楼首届官方 IP 衍生品创作的陶瓷餐具（图 6 3 1），采用景德镇、黄鹤楼两大代表性元素，将经典的青花瓷纹样与黄鹤楼建筑外形相结合，极具辨识度。产品配有两种包装，一种是精装翻盖礼盒，翻盖内置磁扣，上层覆盖半透明硫酸纸，防尘减震。另一种是纸垫简装，配以手提袋和瓦楞纸。

图 6-3-1　黄鹤楼特色餐具

二、黄鹤楼特色纸袋文创设计

为黄鹤楼首届官方 IP 衍生品创作的手提纸袋，印有同样吸取代表性的两大元素的套装瓷器名——景德镇·黄鹤楼。并将经典的青花瓷纹样与黄鹤楼外形相结合，表现出黄鹤楼雄伟壮观的景象，建筑外形极具辨识度。产品配有两种规格，一种规格为正方形手提袋；另一种为长方形手提袋。（图 6-3-2）

图 6-3-2　黄鹤楼手提袋文创设计

第四节　河南印象系列产品的文创设计

一、设计说明

河南省位于中国的中原地区，自古就是文化大省。殷墟、甲骨文、龙门石窟等著名景点都在河南省。本次以河南省为中心，设计一系列有关的文创设计。本次设计运用到河南烩面、胡辣汤、杜康酒这三种食品，再加上安阳文峰塔、少林寺、龙门石窟、白马寺等河南的标志性建筑完成了三幅作品。这些作品可以运用到许多文创产品上，能更方便地为河南文化进行宣传，让更多的人了解河南、爱上河南。

二、产品调研

如图 6-4-1 所示，当前市面上，有很多这种文化产品的包装，插画绘图风格近几年很流行，"国潮风"的兴起更是引发了许多年轻人爱国的热情。现在很多产品都以红色与黄色为主，将地域文化与中国传统文化相结合。

图 6-4-1　市面上文化产品包装的设计风格

三、思维导图

河南印象文创产品设计的思维导图如图 6-4-2 所示。

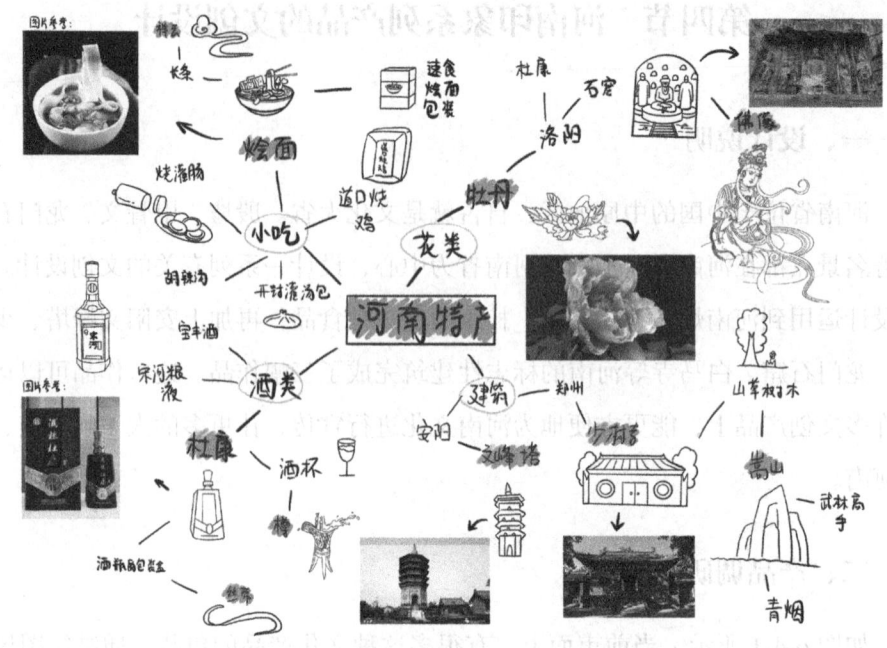

图 6-4-2　河南印象文创产品设计思维导图

四、包装设计草图

河南印象文创产品包装设计草图如图 6-4-3 所示。

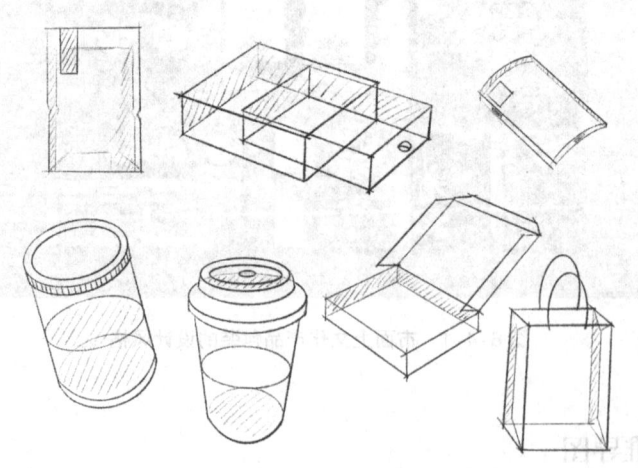

图 6-4-3　河南印象文创产品包装设计草图

五、成品展示

河南印象文创产品设计成果图如图 6-4-4 至图 6-4-6 所示。

图 6-4-4　河南印象文创产品设计成果图一

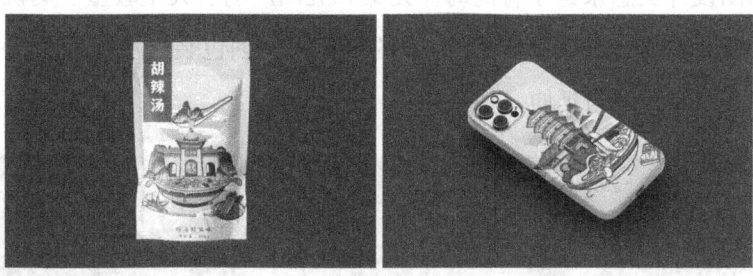

图 6-4-5　河南印象文创产品设计成果图二

图 6-4-6　河南印象文创产品设计成果图三

第五节　山东标志性品牌的文创设计

一、青岛啤酒野餐礼盒的文创设计

（一）产品调研

经过对青岛啤酒品牌及其附属青岛啤酒博物馆的调查，发现青岛啤酒博物馆内已有许多文创产品，如从使用与青岛啤酒产品角度结合考虑的啤酒开瓶器、酒起子，啤酒风味无酒精冰激凌，青岛啤酒泰迪小熊形象IP文创水杯、帽子等，以及并没有明确用途的系列文创产品。

（二）设计说明

整体创意思路从有明确目的性的实用产品角度考虑，灵感来自天气变暖以来开始流行的野餐聚会，因此设计了青岛啤酒野餐礼盒，礼盒内包括野餐所需要的基本用品：野餐垫、餐盘、餐具盒和餐具、纸杯。

主插图设计灵感来源于青岛海洋元素和五四广场、天主教堂、奥帆中心三大经典旅游地标性建筑（图6-5-1）元素的结合。文创包装以主插图为主，文创产品装饰图案以主插图为延伸。

图6-5-1　青岛标志性建筑

（三）思维导图

青岛啤酒野餐礼盒文创的思维导图如图 6-5-2 至 6-5-3 所示。

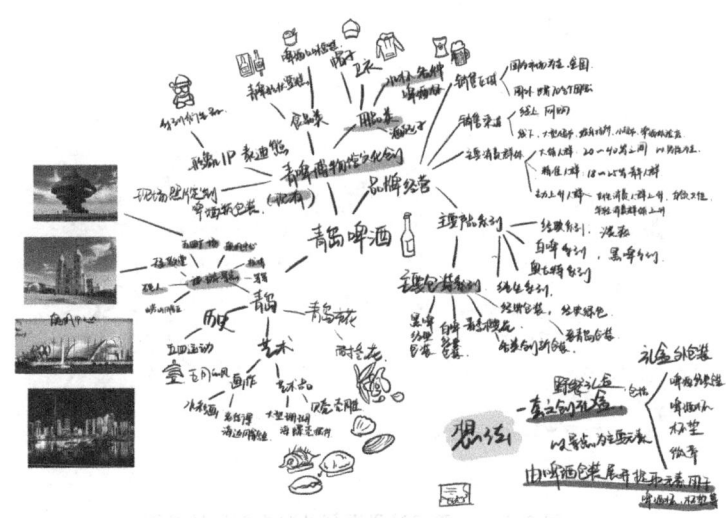

图 6-5-2　青岛啤酒野餐礼盒文创的思维导图一

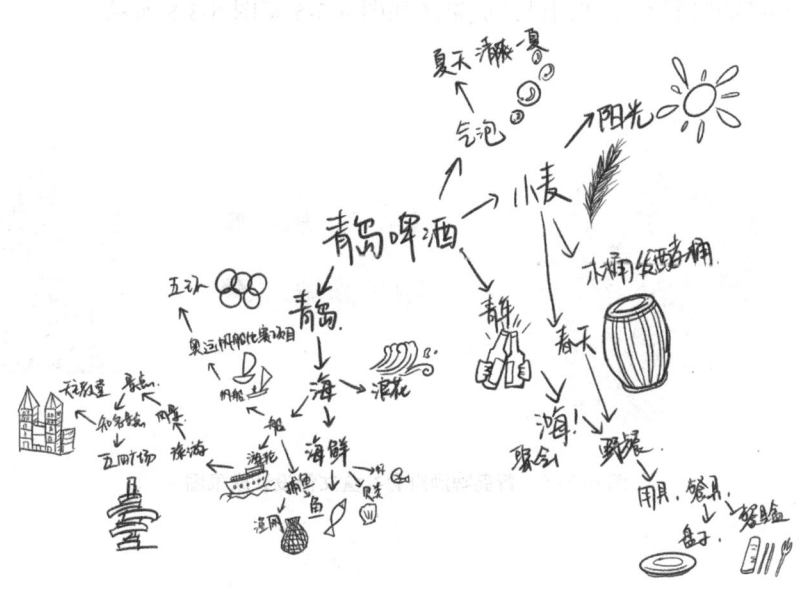

图 6-5-3　青岛啤酒野餐礼盒文创的思维导图二

（四）设计草图

青岛啤酒野餐礼盒文创设计草图如图 6-5-4 所示。

图 6-5-4　青岛啤酒野餐礼盒文创设计草图

（五）成品展示

青岛啤酒野餐礼盒文创设计成果图如图 6-5-5 至图 6-5-8 所示。

图 6-5-5　青岛啤酒野餐礼盒文创设计成果图一

第六章 文创品牌设计作品展示

图 6-5-6　青岛啤酒野餐礼盒文创设计成果图二

图 6-5-7　青岛啤酒野餐礼盒文创设计成果图三

◎ 文创品牌策划与设计新思维

图 6-5-8　青岛啤酒野餐礼盒文创设计成果图四

二、山东手造布老虎的文创设计

（一）产品调研

如今的包装设计多以概括形态不同的几何元素构成丰富的视觉效果，并运用不同的色彩进行灵活地拼接形成抽象又斑斓的插画内容。这样既有多样的变化，又保留了产品本身的特点，搭配鲜艳的富有象征性的色彩特点，消费者能直观获取产品的属性，同时突出了元素的装饰，包装灵动又活泼，达到吸引消费者眼球的目的。

（二）设计说明

博兴布老虎是山东传统手造的重要组成部分。当地通过组织和带动城乡家庭妇女及老弱病残人员学习布老虎的手工技艺，既创造了就业机会，又让这门传统手艺焕发出新活力。

这套包装设计在布老虎的形象上进行了创新，由"圆虎"变"方虎"来设计产品包装。其包括一套品牌餐饮包装礼盒、山东特产阿胶包装礼盒、布老虎特色饰品包装礼盒。一套包装使用图形化的设计，抽象的图形和色块，加入鲜艳的色彩,使包装更具现代感,符合年轻消费者的喜好;另一套包装采用原始的传统配色,结合布老虎的外观概括,在背景上也做了文字的变形处理,反映了手作生活的新方式。(图 6-5-9)

图 6-5-9　博兴布老虎文创

(三)思维导图

博兴布老虎文创设计思维导图如图 6-5-10 所示。

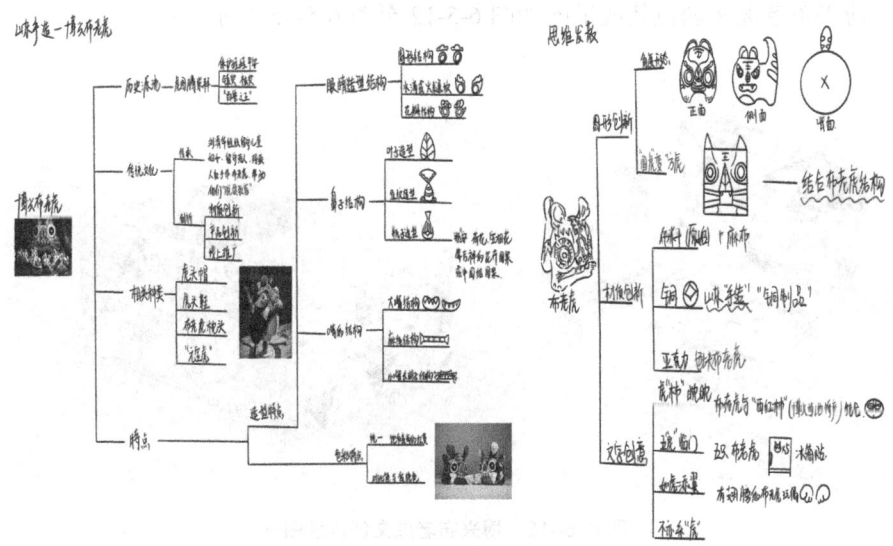

图 6-5-10　博兴布老虎文创设计思维导图

(四)设计草图

博兴布老虎文创包装设计草图如图 6-5-11 所示。

图 6-5-11　博兴布老虎文创包装设计草图

(五)成品展示

博兴布老虎文创包装成果图如图 6-5-12 至图 6-5-15 所示。

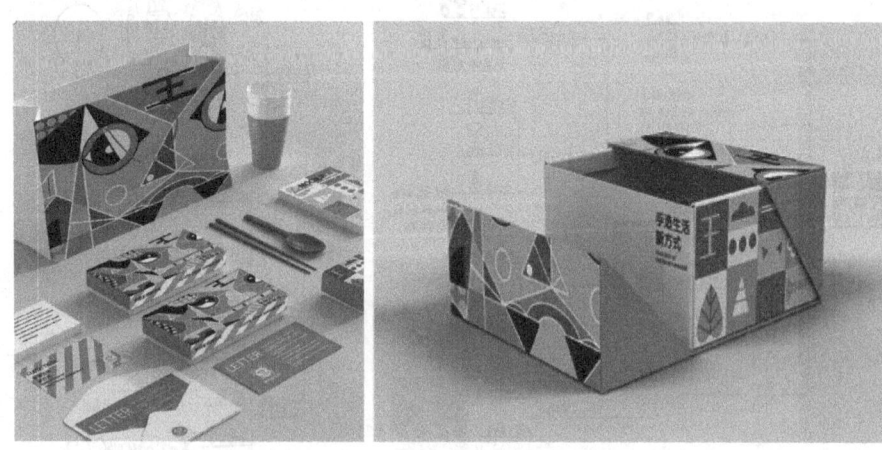

图 6-5-12　博兴布老虎文创包装图一

第六章 文创品牌设计作品展示

图 6-5-13　博兴布老虎文创包装图二

图 6-5-14　博兴布老虎文创包装图三

图 6-5-15　博兴布老虎文创包装图四

第六节 辽宁非遗的文创设计

一、金州龙舞的文创产品设计

（一）创意来源

在创作内容上，辽宁的非物质文化遗产金州龙舞是辽宁的一大特色活动，多在农忙与节庆的时候进行表演。其动作变化多端，已成为带有辽南地区特色的民间舞蹈形式，花样近40种。伴奏音乐主要运用东北秧歌的曲牌，有着浓厚的乡土气息。（图6-6-1）

图6-6-1 辽宁金州龙舞

（二）文创作品

1. 纸杯

辽宁金州龙舞文创纸杯如图6-6-2所示。

第六章 文创品牌设计作品展示

图 6-6-2　辽宁金州龙舞文创纸杯

2. 帆布包

辽宁金州龙舞文创背包如图 6-6-3 所示。

图 6-6-3　辽宁金州龙舞文创背包

3. 金属挂件

辽宁金州龙舞文创金属挂件如图 6-6-4 所示。

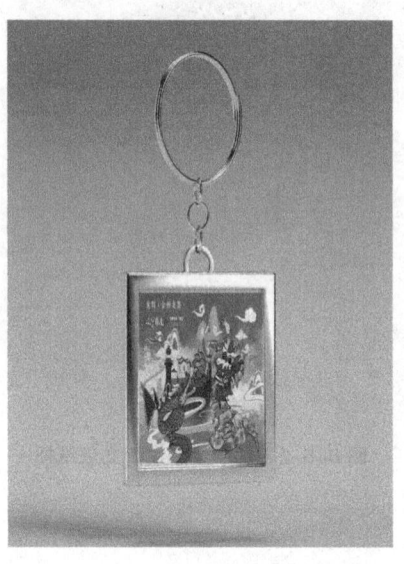

图 6-6-4　辽宁金州龙舞文创金属挂件

二、岫岩玉雕的文创产品设计

（一）创意来源

岫岩玉雕是辽宁省岫岩满族自治县的地方传统美术，是国家非物质文化遗产之一。玉雕是中国传统工艺美术品，在国际上享有盛誉。岫岩被称为"玉乡"，岫岩玉以其质地细腻纯净、储量多而闻名中外。岫岩玉雕生产始于道光初年，以小件制品为主。岫岩玉雕经过历代艺人的努力，不断推陈出新，逐步形成独具地方特色的艺术风格。（图 6-6-5）

第六章　文创品牌设计作品展示

图 6-6-5　辽宁岫岩玉雕

（二）文创作品

1. 钥匙扣

钥匙扣造型独特，简单时尚，金属材质突出质感，配合色彩丰富的人物可以让我们的钥匙不再单调孤单。（图 6-6-6）

图 6-6-6　岫岩玉雕文创钥匙扣

137

2. 手账本

以辽宁非遗岫岩玉雕为文化依托,采用牛皮纸线装形式,设计符合年轻人需求的手账本,内含辽宁非遗岫岩玉雕的相关插图、书写格和空白页,满足用户所有手账需求。(图 6-6-7)

图 6-6-7　岫岩玉雕文创手账本

3. 帆布袋

岫岩玉雕文创帆布袋如图 6-6-8 所示。

图 6-6-8　岫岩玉雕文创帆布袋图一

三、秧歌的文创产品设计

（一）创意来源

抚顺的秧歌具有独特的服饰特色，该设计是将女性独具特色的花帽头饰放大，将它比作一个舞台，这个舞台上有抚顺秧歌特有的角色，同时他们的动作也具有辽宁秧歌的特点。（图6-6-9）

图6-6-9 辽宁秧歌

文创作品

1.文件袋

文件袋是人们日常生活中经常使用的一个物品，它可以存放资料及私人物品等，将秧歌的特色运用到文件袋上不仅美观，还可以让人们加深对辽宁抚顺秧歌文化的印象。（图6-6-10）

图 6-6-10　辽宁秧歌文创文件袋

2. 钥匙扣

辽宁秧歌文创钥匙扣如图 6-6-11 所示。

图 6-6-11　辽宁秧歌文创钥匙扣

3. 信封

辽宁秧歌文创信封如图 6-6-12 所示。

图 6-6-12　辽宁秧歌文创信封

4. 徽章

辽宁秧歌文创徽章如图 6-6-13 所示。

图 6-6-13　辽宁秧歌文创徽章

四、朝鲜族花甲礼的文创产品设计

（一）创意来源

辽宁非物质文化遗产——朝鲜花甲礼主要流传于延边朝鲜族自治州和其他东北三省的朝鲜族聚集地区，是朝鲜族人为 60 岁老人举行的生日礼。这其中献寿环节最为重要，在花甲礼举行时桌子上会摆满特色食物。图 6-6-14 便是描绘了花甲礼这一特色文化。

图 6-6-14　朝鲜族花甲礼

（二）文创作品

1. 水杯套装组合

水杯、纸杯在生活中随处可见，而且携带便利，流通性强，与非物质文化遗产的花甲礼相结合，能让更多的人了解并发扬花甲礼文化。（图 6-6-15）

第六章　文创品牌设计作品展示

图 6-6-15　朝鲜族花甲礼文创杯子套装

2. 镜子

梳妆小镜子便携性强，有利于消费者随时随地拿出使用，深受女士们的喜爱，它让非物质文化遗产成为了行走的非物质文化遗产。（图 6-6-16）

图 6-6-16　朝鲜族花甲礼文创镜子

3. 扇子

扇子不仅是引风物品、夏季必备物品，也展现着中华民族深厚的文化底蕴。在中国传统社会，扇子与中国民众的日常生活息息相关。扇子同时还是一种装饰品，将花甲礼与之相结合，能够更好地传播文化。（图 6-6-17）

图 6-6-17　朝鲜族花甲礼文创扇子

4. 胶带

朝鲜族花甲礼文创胶带如图 6-6-18 所示。

图 6-6-18　朝鲜族花甲礼文创胶带

5. 纪念光盘

朝鲜族花甲礼文创纪念光盘如图 6-6-19 所示。

第六章 文创品牌设计作品展示

图 6-6-19 朝鲜族花甲礼文创纪念光盘

五、满族剪纸的文创产品设计

（一）创意来源

辽宁非物质文化遗产满族剪纸是依附于满族的文化背景与生活环境，在艺术上具有自己特定的语言和风格的剪纸艺术。这是一种承载着长白山一带灿烂与厚重文化的民间艺术，通常有人物图案和动物形象，在剪纸中带有吉祥的含义。同时剪纸上的人物穿着传统满族服饰，可以起到弘扬满族文化的作用。（图 6-6-20）

图 6-6-20 满族剪纸

(二)文创作品

1. 湿纸巾

湿纸巾的受众广、实用性强,用剪纸图案做湿纸巾的包装更容易流通和分享非遗文化。(图 6-6-21)

图 6-6-21 满族剪纸文创湿纸巾

2. 拼图

拼图可以提高大家的专注力与观察力,将满族剪纸的图画与拼图相结合可以更好地传播辽宁的非物质剪纸文化。(图 6-6-22)

图 6-6-22 满族剪纸文创拼图

3. 纸伞

满族剪纸文创纸伞如图 6-6-23 所示。

图 6-6-23　满族剪纸文创纸伞

4. 水杯

满族剪纸文创水杯如图 6-6-24 所示。

图 6-6-24　满族剪纸文创水杯

六、营口皮影的文创设计

（一）创意来源

此系列设计是将营口皮影戏这一非遗文化与营口当地特色相结合的作品。其灵感来源于营口皮影戏的图案，整体风格是偏中国风的皮影戏图案风格。本设计采用了皮影戏的人物作为主体，结合了营口是在入海口这一地理位置的特点，配以海浪和跳动的鱼的元素，以及营口的特色建筑和演绎皮影戏的特色乐器。整体色调为蓝绿色和橘红色，以突出主次关系，且保留了中国风元素。（图6-6-25）

图6-6-25　辽宁营口皮影戏

（二）文创作品

1. 明信片

皮影戏中蕴含着大量的历史文化信息，其独特的造型工艺及原汁原味的辽南民间唱腔音乐在民间艺术研究中具有重要的价值。其值得我们以明信片的方式让更多的人知道、保护、传承以及发扬。（图6-6-26）

第六章 文创品牌设计作品展示

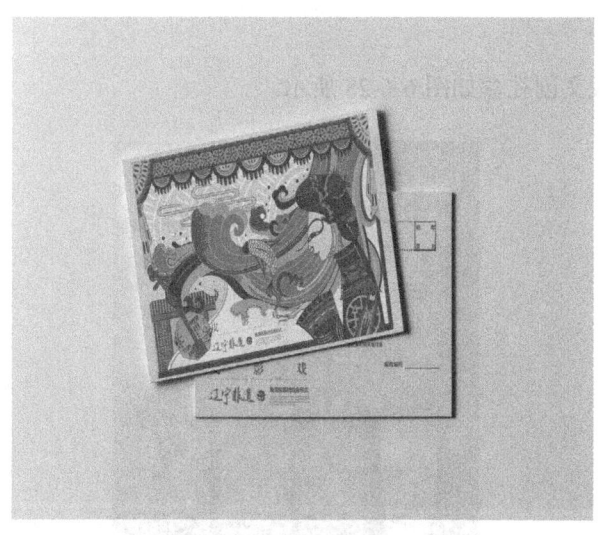

图 6-6-26 营口皮影戏文创明信片

2. 徽章

徽章的形式方便携带，我们可以在各邮政网点、活动礼品、文化博物馆、文创产品商店等地点进行售卖，来传承与发扬营口皮影这一非遗文化。（图 6-6-27）

图 6-6-27 营口皮影戏文创徽章

3. 礼盒

营口皮影戏文创礼盒如图 6-6-28 所示。

图 6-6-28　营口皮影戏文创礼盒

七、阜新玛瑙雕的文创产品设计

（一）创意来源

自古以来玛瑙都被视为幸福、吉祥、富贵的象征，它因兼具瑰丽、坚硬、稀有三大特征，荣膺"玉石"桂冠。阜新玛瑙质地优良，不仅纹理瑰丽、色泽丰富、品种齐全，还出产珍贵的水形玛瑙。（图 6-6-29）

图 6-6-29　辽宁阜新玛瑙雕

第六章　文创品牌设计作品展示

（二）文创作品

1. 手机壳

辽宁阜新玛瑙雕文创手机壳如图 6-6-30 所示。

图 6-6-30　辽宁阜新玛瑙雕的文创手机壳

2. 包装袋

辽宁阜新玛瑙雕文创包装袋如图 6-6-31 所示。

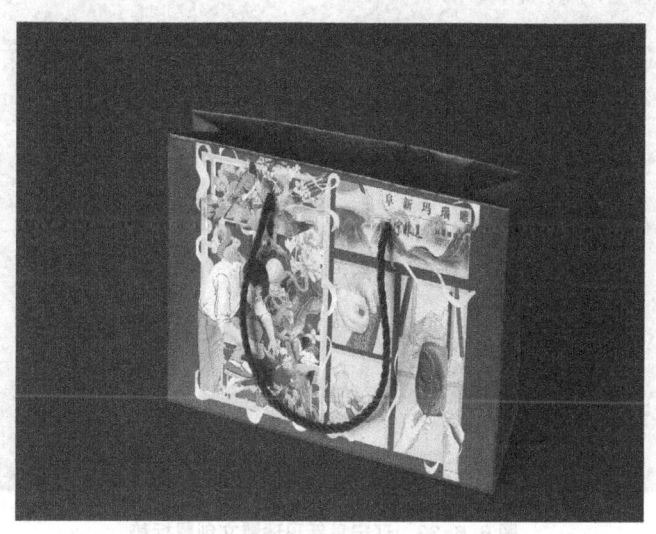

图 6-6-31　辽宁阜新玛瑙雕的文创包装袋

3. 拼图

辽宁阜新玛瑙雕文创拼图如图 6-6-32 所示。

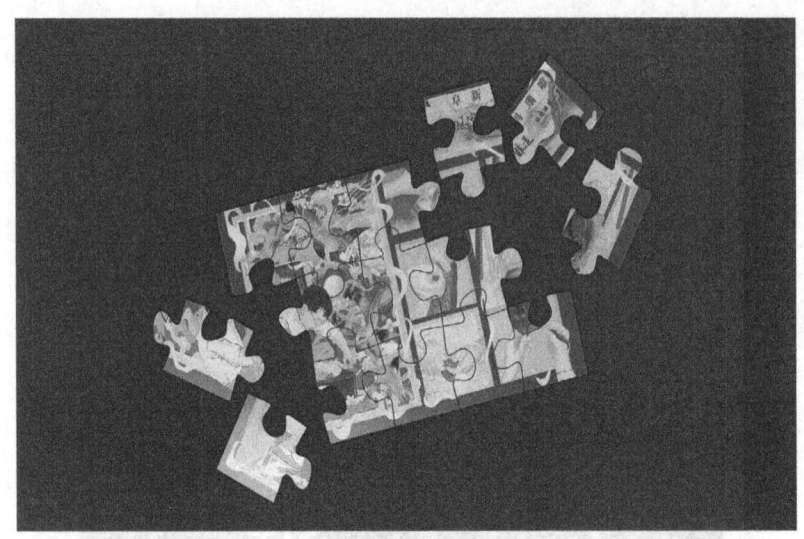

图 6-6-32　辽宁阜新玛瑙雕文创拼图

4. 鼠标垫

辽宁阜新玛瑙雕文创鼠标垫如图 6-6-33 所示。

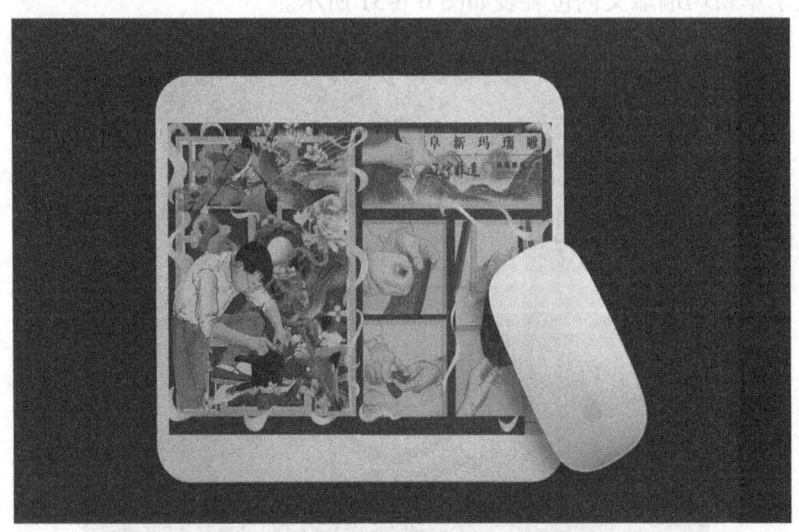

图 6-6-33　辽宁阜新玛瑙雕文创鼠标垫

八、辽宁鼓乐的文创产品设计

（一）创意来源

辽宁的非物质文化遗产——鼓乐早期为笙管乐，明清时期加入了唢呐乐，到清代中叶，乐队定型并趋于成熟，现当代多用于婚庆、丧葬仪式等。此文创产品设计采用革新的手法，背景建筑参考鼓乐的发源地——朝阳县南双庙乡的辽代古塔，人物着现代服饰，持传统乐器，融现代社会。（图 6-6-34）

图 6-6-34　辽宁鼓乐

（二）文创作品

台历流通性较强，在日常生活中人们也会经常用到，所以有利于我们更好地传承与发扬辽宁鼓乐。（图 6-6-35）

图 6-6-35　辽宁鼓乐的文创台历

九、民间社火的文创设计

（一）创意来源

本溪社火是一种历史悠久的传统民俗活动，属于武技类，因此也称"武社火"。社火的演出主要在春节和元宵节之间。社火充分利用长矛、大刀、双锤等兵器，显示武的力量。服饰则主要有战裙、快靴、花盔等。本设计的主要画面内容由张飞及表演社火的人物构成，背景为火图腾，以展现其"纳福求祥"的含义。（图6-6-36、图 6-6-37）

图 6-6-36　辽宁民间社火图一

第六章 文创品牌设计作品展示

图 6-6-37　辽宁民间社火图二

（二）文创作品

1. 文具组合

以本溪社火为主题的特色文具组合，外包装采用牛皮纸线装形式，符合年轻人的需求。文件夹、手账本与书签的组合，满足所有使用需求。传统配色与几何图形的搭配令工作与学习不再单调，从而增加日常办公学习的趣味。（图 6-6-38）

图 6-6-38　辽宁民间社火文创文具组合

155

2. 珐琅徽章

辽宁民间社火文创珐琅徽章如图 6-6-39 所示。

图 6-6-39　辽宁民间社火文创珐琅徽章

十、二人转的文创产品设计

（一）创意来源

二人转是辽宁的一大特色活动，是一种广泛流传于全国各地的民间表演形式，因表演时服饰鲜艳、手拿扇子而闻名、二人转一般以一男一女边走边唱的形式表演一段故事，唱腔粗犷，唱词诙谐。（图 6-6-40）

图 6-6-40　辽宁特色非遗二人转

（二）文创作品

1. 水杯

水杯造型较为怀旧，杯体上具有丰富的色彩的人物和场景拉近了与消费者的距离，激发消费者的购买欲望，从而传承与发扬辽宁非遗二人转文化。（图 6-6-41）

图 6-6-41　辽宁特色非遗二人转文创水杯

2.U 盘

辽宁特色非遗二人转文创 U 盘如图 6-6-42 所示。

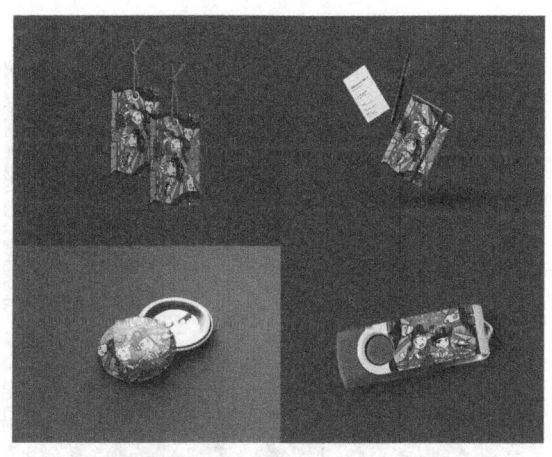

图 6-6-42　辽宁特色非遗二人转文创 U 盘

十一、高跷秧歌的文创设计

（一）创意来源

非物质文化遗产——高跷秧歌是辽宁的一大特色活动，是一种广泛流传于全国各地的民间舞蹈，因舞蹈时脚踩高跷而得名。高跷秧歌一般以舞队的形式表演，舞队的人数十多人到数十人不等。大多舞者扮演古代神话或者历史故事中的角色形象。服饰多模仿戏曲行头，常用道具为扇子手绢、木棍刀枪等。（图6-6-43、图6-6-44）

图6-6-43　辽宁高跷秧歌图一

图6-6-44　辽宁高跷秧歌图二

（二）文创作品

1. 餐具

辽宁高跷秧歌文创餐具如图 6-6-45 所示。

图 6-6-45　辽宁高跷秧歌文创餐具

2. 书签

辽宁高跷秧歌文创书签如图 6-6-46 所示。

图 6-6-46　辽宁高跷秧歌文创书签

十二、辽西太平鼓舞的文创设计

（一）创意来源

辽西太平鼓有别于辽南一带有祭祀色彩的单鼓，属于传统民间自娱自乐的艺术形式。它所表现的内容基本上是反映当地劳动人民的生活和感情的。太平鼓表演起来鼓点简单，节奏明快，语汇清晰。如"萝卜萝卜根儿，白菜白菜心儿，雪白的袜子挑三针儿"，这既表现出普通农户家妇女的喜悦心情，也反映出她们不甘心而努力抗争的心态。其表演形式再现出了火热的生活。（图6-6-47）

图 6-6-47　辽西太平鼓舞

（二）文创作品

1. 抱枕

抱枕精美兼具实用，手感细腻舒适，经久耐用，既可以作为旅游纪念，也可以作为家居装饰。（图6-6-48）

图 6-6-48　辽西太平鼓舞文创抱枕

2. 台历

辽西太平鼓舞文创台历如图 6-6-49 所示。

图 6-6-49　辽西太平鼓舞文创台历

参考文献

[1] 李芃禹，周怡：《符号修辞视角下的普陀山地区文创产品设计研究》，《包装工程》2022 年第 43 期，第 363—371 页。

[2] 李锋，陈丽萍：《文创理念视域下的永宣青花瓷设计研究及启示》，《陶瓷学报》2022 年第 43 期，第 726—732 页。

[3] 刘乙诺：《长白山冰雪文创产品发展背景下旅游产品设计课程教学改革研究》，《现代商贸工业》2022 年第 43 期，第 183—185 页。

[4] 郑成胜：《敦煌数字化文创产品设计与营销研究——以"传世敦煌"集换式收藏卡牌为例》，《中国包装》2022 年第 42 期，第 57—59 页。

[5] 林玉婷，桑瑞娟：《年轻化表现在博物馆文创产品设计中的应用研究》，《美术教育研究》2022 年第 15 期，第 94—96 页。

[6] 李明，饶鉴：《诗人文化在黄鹤楼文创产品中的应用研究》，《设计》2022 年第 35 期，第 17—19 页。

[7] 游娅娜：《文旅融合视角下景区文创产品设计》，《建筑经济》2022 年第 43 期。

[8] 金晓旭，申海燕，汪漪：《满族民间刺绣解析及在产品设计中的应用创新》，《西部皮革》2022 年第 44 期，第 120—122 页。

[9] 秦玉京：《传统建筑元素在旅游文创产品设计中的应用》，《建筑结构》2022 年第 52 期。

[10] 孙宇晴：《青原国潮风文创产品及包装设计》，《绿色包装》2022 第 7 期。

[11] 罗敏：《文化自信视域下湖南省博物馆文创产品的开发与设计》，《今古文创》2022 第 27 期，第 80—82 页。

[12] 王建华，桂亚昕：《非遗旅游下融入广西瑶族服饰文化的文创产品设计》，《轻纺工业与技术》2022 第 51 期，第 21—23 页。

[13] 朱成军：《扬州刺绣手工艺文创设计研究与实践——以宝应鲁垛镇乱针绣为例》，《美与时代（上）》2022 年第 6 期，第 47—49 页。

[14] 杨帅:《基于情感化设计的敦煌飞天文创设计研究》,《设计》2022年第35期,第58—61页。

[15] 南溪:《插图语言在沈阳故宫文创产品中的视觉设计对策研究》,《艺术与设计(理论)》2022年第6期,第107—108页。

[16] 崔伟鹏:《益阳皮鼓文创产品研发与品牌推广研究》,《大观》2022年第6期,第99—101页。

[17] 胡炀:《延安红色文创产品的时代性设计研究》,延安大学2022年学位论文。

[18] 应子悦:《"寻兽龟兹"旅游文创品牌设计与应用研究》,新疆师范大学2022年学位论文。

[19] 田会丹:《唐山乐亭皮影文创衍生产品设计研究》,新疆师范大学2022年学位论文。

[20] 毛惠文:《文旅融合下的图书馆文创发展研究》,《文化产业》2022年第14期,第111—113页。

[21] 索笑雯:《乡村振兴文创产品设计》,《艺术大观》2022年第15期。

[22] 曹继莎:《故宫文化品牌IP化与文创产品呈现研究》河北师范大学2022年学位论文。

[23] 苏晓,林萌:《锦意系列文创设计作品》,《上海纺织科技》2022年第50期。

[24] 陈兴:《以桂北地域文化为导向的"十二生肖"文创产品设计与传播策略》,《鞋类工艺与设计》2022年第2期,第61—63页。

[25] 吴玥:《内蒙古非遗手工艺传播方式创新策略研究——以和林格尔剪纸为例》,《艺术大观》2022年第14期,第133—135页。

[26] 丁诗瑶:《表征、集合、推广——节庆情境下文创品牌体验与策划设计课程教学研究》,《创意与设计》2018年第6期,第90—93页。

[27] 熊鹏施瑾:《赣傩非物质文化遗产文创品牌策划及推广研究》,《戏剧之家》2019年第3期。

[28] 钟凯:《地域文化元素在文创品牌策划中的应用》,《艺术品鉴》2018年第36期,第351—352页。

[29] 谢宗辰:《地域文化元素在文创品牌策划中的应用研究》,内蒙古师范大学2018年学位论文。

[30] 张焱:《儒风望岳》,北京,中国轻工业出版社2020年版。